Tucholsky   Wagner   Zola   Scott   Sydow   Freud   Schlegel
Turgenev   Wallace   Fonatne
Twain   Walther von der Vogelweide   Fouqué   Friedrich II. von Preußen
Weber   Freiligrath   Frey
Fechner   Fichte   Weiße Rose   von Fallersleben   Kant   Ernst   Richthofen   Frommel
Hölderlin
Engels   Fielding   Eichendorff   Tacitus   Dumas
Fehrs   Faber   Flaubert
Eliasberg   Ebner Eschenbach
Maximilian I. von Habsburg   Fock   Eliot   Zweig
Feuerbach   Ewald   Vergil
Goethe   Elisabeth von Österreich   London
Mendelssohn   Balzac   Shakespeare   Dostojewski   Ganghofer
Trackl   Stevenson   Lichtenberg   Rathenau   Doyle   Gjellerup
Mommsen   Tolstoi   Hambruch   Droste-Hülshoff
Thoma   Lenz   Hanrieder
Dach   Verne   von Arnim   Hägele   Hauff   Humboldt
Reuter   Rousseau   Hagen   Hauptmann   Gautier
Karrillon   Garschin   Baudelaire
Damaschke   Defoe   Hebbel
Descartes   Hegel   Kussmaul   Herder
Wolfram von Eschenbach   Dickens   Schopenhauer
Bronner   Darwin   Melville   Grimm   Jerome   Rilke   George
Campe   Horváth   Aristoteles   Bebel   Proust
Bismarck   Vigny   Barlach   Voltaire   Federer   Herodot
Gengenbach   Heine
Storm   Casanova   Tersteegen   Gilm   Grillparzer   Georgy
Chamberlain   Lessing   Langbein   Gryphius
Brentano   Lafontaine
Strachwitz   Claudius   Schiller   Kralik   Iffland   Sokrates
Katharina II. von Rußland   Bellamy   Schilling
Gerstäcker   Raabe   Gibbon   Tschechow
Löns   Hesse   Hoffmann   Gogol   Wilde   Gleim   Vulpius
Luther   Heym   Hofmannsthal   Klee   Hölty   Morgenstern
Roth   Heyse   Klopstock   Kleist   Goedicke
Luxemburg   Puschkin   Homer   Mörike
La Roche   Horaz   Musil
Machiavelli   Kierkegaard   Kraft   Kraus
Navarra   Aurel   Musset   Moltke
Lamprecht   Kind   Kirchhoff   Hugo
Nestroy   Marie de France
Laotse   Ipsen   Liebknecht
Nietzsche   Nansen   Ringelnatz
Marx   Lassalle   Gorki   Klett   Leibniz
von Ossietzky   May
vom Stein   Lawrence   Irving
Petalozzi   Knigge
Platon   Pückler   Michelangelo   Kock   Kafka
Sachs   Poe   Liebermann   Korolenko
de Sade   Praetorius   Mistral   Zetkin

Satiren (Ubersetzung von Voß)

Horaz

Impressum

Autor: Horaz
Übersetzung: Johann Heinrich Voß
Umschlagkonzept: toepferschumann, Berlin

Verlag: tradition GmbH, Hamburg
ISBN: 978-3-8424-9077-2
Printed in Germany

Ziel der TREDITION CLASSICS ist es, tausende deutsch- und
fremdsprachige Klassiker wieder in Buchform verfügbar zu
machen. Die Werke wurden eingescannt und digitalisiert. Dadurch
können etwaige Fehler nicht komplett ausgeschlossen werden.
Unsere Kooperationspartner und wir von tredition versuchen, die
Werke bestmöglich zu bearbeiten. Sollten Sie trotzdem einen Fehler
finden, bitten wir diesen zu entschuldigen. Die Rechtschreibung der
Originalausgabe wurde unverändert übernommen. Daher können
sich hinsichtlich der Schreibweise Widersprüche zu der heutigen
Rechtschreibung ergeben.

Text der Originalausgabe

Horaz

Satiren

(Sermones)

Übersetzt von Johann Heinrich Voß

Erstes Buch.

1. Unzufriedenheit der Menschen mit ihrem Lose.

Wie doch kommt's, Mäcenas, daß niemand, welcherlei
Los ihm
Glück zuschleuderte oder Vernunft auswählte, mit sol-
chem
Als Zufriedener lebt und rühmt, die andres verfolgen?
O glückselige Krämer! so ruft, von Jahren belastet,

5 Jener Soldat, dem die Glieder vor Arbeit starren und
Drangsal.
Ihm entgegen der Krämer, umwogt ihm die Barke der
Südwind:
Kriegsdienst lob' ich mir doch! Denn was mehr? Man
stößt an einander;
Stracks im Nu ist entweder der Tod da oder die Siegslust!
Ruhe des Landmanns preist, wer mit Recht und Gesetzen
vertraut ist,

10 Wann vor des Hahnes Getön an dem Hofthor pocht ein
Befrager.
Er. den vom Lande zur Stadt hinzog die gestellte Bürg-
schaft,
Schwöret, allein in der Stadt sei glückliches Leben zu
finden.
All das Geschlecht zu durchgehn, so wimmelt es! möchte
den Schwätzer
Fabius selbst ermüden. Daß kurz ich mich fasse, vernimm
du

15 Nur, wie die Sach' ausgeht. Wenn ein Gott so redete:
»Kommt mir!
Euch soll geschehe wie ihr wollt. Sei du, der eben Soldat
war,
Krämer. und du Landmann, der bisher Rechts pflegete.
Dort ihr,
Ihr dort, nehmet den Platz nach gewechselter Rolle.
Wohlauf denn!

Steht ihr?« – Sie weigerten sich. Doch gilt es ja, glücklich
zu werden!

20 Sage, warum nach Verdienste dem Schwarm nicht Jupiter
beide
Backen im Zorn aufbläst und erklärt, er wolle hinfort
nicht
Wieder so leicht sich bequemen und jeglichem Wunsche
das Ohr leihn?
Ferner, um nicht, im Tone des Spaßenden, alles mit La-
chen
Abzuthun: (Wiewohl, als Lachender reden die Wahrheit,

25 Ist unverwehrt; wie den Knaben der schmeichelnde Leh-
rer ein Plätzlein
Manchmal reicht, daß sie willig zum Abc sich verstehen:
Dennoch hinweg uns wendend vom Scherzton, suchen
wir Ernstes.)
Er, der schweres Gefild' umwühlt mit strebender Pflug-
schar,
Jener verschlagene Wirt, der Soldat und der Schiffer, der
tollkühn

30 Läuft durch jegliches Meer, arbeiten so scharf mit der
Absicht,
Sagen sie, daß sie als Greis' in sichere Ruhe zurückgehn,
Wann sie einmal Vorräte genug für das Leben gesam-
melt:
So wie die klein' Ameise, der großen Geschäftigkeit Bei-
spiel,
Schleppt mit dem Munde, wie viel sie nur kann. und den
Haufen vergrößert,

35 Welchen sie häuft, wohlkundig und wohl vorsorgend der
Zukunft;
Drauf, wann gewendet das Jahr von des Wässerers Urne
getrübt wird,
Kreucht sie nirgend hervor und bedient sich dessen ge-
nügsam,
Was sie zuvor aufsparte: da dich nicht kochende Schwüle

Abziehn kann vom Gewinn, noch Frost, Meer, Eisen und
Feuer,

40 Nichts dich zu hemmen vermag. sei nur kein Reicherer,
als du.

Was doch frommt ein Gewicht unermeßlichen Goldes
und Silbers,
Das du verstohlen mit Angst versteckst in gehöhletes
Erdreich?
»Wenn du kleiner es machst, es verrinnt bis zum schmäh-
lichen Pfennig.«
Aber wenn nicht, was hat ein gestapelter Haufen noch
Schönes?

45 Möge des Korns dir die Tenn' auch hundert Tausende
dreschen,
Dennoch faßt dein Bauch nicht mehr als der meinige: wie,
wenn
Du im verkäuflichen Trupp Leibeigener etwa das Brot-
netz
Trügst auf belasteter Schulter, du nicht mehr Brotes emp-
fingst, als
Wer nichts hätte geschleppt. Was denn, o sage. verschlägt
dir's,

50 Lebst der Natur du gemäß, ob hundert Morgen Gefild's,
ob
Tausend du pflügst? »Abnehmen vom mächtigen Haufen
behagt doch.«
Wenn du vom mäßigen uns gleichviel zu entheben ver-
stattest,
Warum soll dein Speicher vor unserem Korbe gelobt
sein?
Wie wenn des Tranks nicht mehr. denn ein Krug voll,
oder ein Nößel,

55 Not dir wär'. und du sprächst: Aus dem mächtigen Stro-
me doch lieber
Möcht' ich, als hier aus dem Quellchen, mir gleich viel
schöpfen. Daher kommt's,

Daß, wenn über Bedarf sich jemand freuet des Vorrats,
Ihn mit dem stürzenden Bord der gewaltige Aufidus
fortrafft.
Doch wer so wenig begehrt, als not ist, dieser erschöpft
sich

60 Weder getrübete Flut. noch verliert er das Leben im
Strombett.

Doch der gewöhnliche Mensch, von falscher Begehrlich-
keit schwindelnd,
Ruft dir: Nichts ist genug; weil so viel du, wie du hast,
bist.
Was ist diesem zu thun? Heiß elend ihn sein, da beliebig
Einmal solches ihm dünkt; wie erzählt wird, daß in
Athen einst

65 Jener kargende Reiche des Volks Urteil zu verachten
Also gepflegt: Mich zischet das Volk aus, aber mir
klatsch' ich
Selber daheim, wenn der Pfennig so hell in der Kiste
mich anlacht.
Tantalus schnappt in dem Durst umströmende Flut, die
den Lippen
Ewig entflieht. – Was lachst du? Vertauscht sei der Name,
so trifft dich

70 Selbst die erzählte Mär. Auf gesammelten Säcken von
ringsher
Schläfst du mit lechzendem Mund und gleich wie Gehei-
ligtes schonen
Mußt du sie, oder nur gleich wie Gemäld' anschauen mit
Inbrunst.
Weißt du noch nicht, was gelte, wozu dir diene der Pfen-
nig?
Brot sei gekauft und Gemüs' und des Weins ein Mäßchen
und endlich,

75 Was sich Menschennatur mit sehnendem Schmerze ver-
saget.
Schlaflos liegen von Furcht wie entseelt und nächtlich

und täglich
Zagen in Angst vor der Dieb' Einbruch, vor Feuer, vor
Knechten,
Daß sie das Haus dir räumen im Fliehn: das freuet dich?
Solcher
Seligkeit mög' ich, o Götter, der Ärmste bleiben auf ewig!

80 Aber wenn etwa der Leib vom schaudernden Froste dich
schmerzet,
Oder von anderem Fall bettlägerig; hast du doch jemand
Sitzen bei dir, der Bähung besorg' und flehe den Arzt,
daß
Dich er gesund herstelle den Kinderchen und der Ver-
wandtschaft! –
Nicht dein Weib verlangt dich gesund, noch der eigene
Sohn; rings

85 Nachbarn hassen dich all', und Bekannte dich, Knaben
und Mägdlein!
Wunderst du dich, da du alles gesamt nachsetzest dem
Silber,
Daß dir keiner erweist, was nicht du verdienetest, Liebe?
Wenn jedoch die Verwandten, die ohne dein Thun die
Natur schon
Selber dir gab, zu erhalten als dauernde Freunde du
strebtest;

90 Fruchtlos wäre vergeudet die Müh, wie wenn einer den
Esel
Lehrete durch das Gefild' im lenkenden Zügel zu traben.

Sei des Erwerbs doch ein Ende zuletzt; und je mehr du
besitzest,
Desto weniger zage vor Dürftigkeit; geh von der Arbeit
Endlich zur Ruh, da du hast, was du trachtetest! Thue
nicht also,

95 Wie Ummidius that (nicht lang ist das Märchen), so
schwerreich,
Daß er in Modien maß sein Geld, so knickerig, daß er
Niemals besser sich selbst denn ein Knecht ankleidete;

rastlos
Bis zu der Abschiedsstunde befürcht' er, Mangel der
Nahrung
Möcht' ihn treffen einmal: doch die Freigelassene hieb ihn

100Mitten entzwei mit der Axt, als tapfere Tyndarustochter.
»Was denn giebst du für Rat? ob ich leb' als Mänius lot-
ternd,
Oder wie Nomentan?« – Fort fährest du, das zu verglei-
chen,
Was mit befeindeter Stirne sich anrennt? Nicht, wenn ein
Geizhals
Dir ich verbiete zu sein, verlang' ich den lockeren Wüst-
ling.

105Zwischen dem Hageren ist und dem Aufgedunsenen
etwas.
Maß ist allem bestimmt und eigene scharfe Begrenzung,
Jenseits der so wenig, wie diesseits, Rechtes bestehn
kann.

Hin, wo ich abbog, wieder gelenkt. Daß doch, wie der
Geizhals,
Keiner sich selbst wohl fühlt, nein rühmt, die anderswo-
hin gehn!

110Daß, wenn die Nachbarsgeiß ein gedehnteres Euter da-
herträgt,
Ärger ihn frißt! daß nie mit dem größeren Schwarme der
Ärmern
Er sich vergleicht! den lieber und den zu besiegen sich
abmüht!
Dem so Hastenden ist ein Reicherer immer im Wege:
Wie, wenn hervor aus den Schranken geschwungene
Wagen der Huf reißt,

115Hitzig die Ross' ein Lenker verfolgt, die den seinigen
vorgehn,
Achtlos des, den er hinter sich ließ im äußersten Nach-
zug.
Selten demnach, daß einer, der, wohl gelebet zu haben,

Froh bekennt, und, vergnügt mit dem Raum des vollen-
deten Lebens,
Wie ein gesättigter Gast abgeht, sich erbietet dem For-
scher.

120 Jetzo genug. Leicht könnt' ich Crispinus Schränke, des
Triefaugs,
Scheinen geplündert zu haben; darum kein einziges Wort
mehr.

2. Die Extreme der Leidenschaften.

Lärmende Bajaderen im Chor, Heilmittelverkäufer,
Bettelpropheten und Tänzer und Gaukeler, all das Gesindel
Ist voll Kummer und Gram ob Tigellius Tode, des Sängers.
Ach ein so gütiger Mann! – Der hier, um ja des Verschwenders

5 Namen zu fliehn, würd' auch dem dürftigsten Freunde
verweigern,
Was ihm den Frost abwehrte zur Not und den bitteren
Hunger.
Wenn man jenen befragt, warum er dem Vater und Ahnherrn
Undankbar mit der Gurgel verschwelg' ein so herrliches
Erbgut,
Ringsher leckere Kost mit geliehenem Gelde sich kaufend:

10 »Nicht verrufen zu sein als Filz von niedriger Denkart«
Sagt er darauf. Lob wird ihm von dem und Tadel von
jenem.
Jener Fufidius scheut des lockeren Wüstlinges Leumund,
Reich an Geländ' und reich an wuchernden Posten des
Geldes.
Monatlich fünf von hundert entschneidet er gierig dem
Hauptstuhl,

15 Und je verdorbener einer ihm kommt, je grausamer drückt
er.
Namenverschreibungen liebt er von Söhnlein strengerer
Väter,
Neulingen noch im Männergewand'. »Allmächtiger König
Jupiter!« ruft, wer solches nur anhört. »Aber auf sich doch
Seinem Gewinn nach, wendet er was?« Kaum glaublich
erscheint's, wie

20 Sich unfreundlich er ist; so daß auch der grämliche Vater,
Der, wie Terenz ihn gezeigt, elend nach des Sohnes Entweichung

Lebete, wohl nicht ärger sich selbst abquälte, denn dieser.

Wenn nun einer mich fragt: Wo hinaus doch gehet das?

Dorthin:

Einen Fehl will meiden der Thor und rennt in den andern.

25 Seht, da wallt Malthinus mit tief abhangendem Leibrock;
Gauchhaft gürtet ihn jener empor bis über den Wohlstand.
Bisam duftet Rufillus umher, Gargonius Bocksdunst.
Nichts hält mittlere Bahn. Der will nur Weiberchen an-
nahn,
Deren Knöchel der Rock mit gekräuselter Borte bedecket;

30 Der mag keine, die nicht im dumpfen Gewölbe zu Kauf
steht.
Als ein bekannter Gesell dem Gewölb' entschlüpfete:
»Bravo!
Fahre so fort!« rief ihm die erhabene Stimme des Cato;
»Denn sobald ungezähmt aufbrausete Feuer der Jugend,
Besser, daß es hier im Winkel verlodere, als daß man
fremden

35 Gattinnen schände die Zucht.« Ich verbitte mir solcherlei
Lobspruch!
Ruft Cupiennius aus, ein Bewunderer weißer Gewande

Anzuhören verlohnt es sich wohl, die ihr glücklichen
Fortgang
Störern der Eh' nicht gönnt, wie sie rings arbeiten in Müh-
sal,
Mit wie mancherlei Schmerzen die Wollust ihnen vergällt
wird,

40 Und wie die seltene Kost sich gesellt oft harten Gefahren.
Dieser entschwang kopfüber vom Dache sich; jener mit
Geißeln
Ward bis zum Tode gestäupt; den führt in der nächtlichen
Räuber
Grimmige Bande die Flucht; der löste den Leib mit Bezah-
lung;
Manchen benetzt' unehrbar das Stallgesinde; sogar auch

45 Jenes geschah, daß einem die Hoden und üppige Rute
Mähte der Stahl. »Ganz recht!« schrie jeglicher; Galba
verneint' es.

Wie viel sicherer ist in der folgenden Klasse der Einkauf,
Freigelassener mein' ich, für welche Sallustins raset,
Weniger nicht, als wer um Gattinnen buhlet. Doch wollt'
er,

50 So weit Hab' und Vernunft anriet, in geordneten Grenzen,
Wo Freigebigkeit galt, sich mild erweisen und gütig;
Dann verschenkt' er so viel, wie genug wär', ohne des
Gutes,
Ohne der Ehr' Abbruch. Doch hierin herzt er sich einzig;
Dies ist Freud' ihm und Ruhm: Der Edelen keine berühr'
ich!

55 Grade wie einst Marsäus, ein Freund der schönen Origo,
Der an die Mimin verwandte sein Vatergefild' und den
Hauslar:
»Hab' ich nie,« so sprach er, »zu thun mit verehlichten
Weibern!«
Aber mit Miminnen hast du, mit käuflichen Dirnen: woher
noch
Schwerer der Ruf, denn die Habe verletzt wird! Ist es denn
völlig

60 Dir genug, die Person, nicht das, was immer und wo auch,
Nachteil bringt, zu vermeiden? Die Ehr' einbüßen des
Namens,
Väterlich Gut ausstreun, ist Unglück immer. Was macht's
denn,
Ob dich edele Frau, ob Freimagd bethör' in der Toga?

Villius, der durch Fausta sich Eidam dünkte des Sulla,

65 Armer! vom Namen getäuscht, ward mehr, denn genug
und zu viel war,
Abgestraft, mit Fäusten geklopft, mit Stahle verwundet,
Und aus der Thüre gesperrt, weil Longarenus darin war.
Wenn dem nun, im Namen des Dings, das so Trauriges

ansah,
Also sagte das Herz: »Was willst du denn? Fordere wohl
ich

70 Je von dir zu Trautchen die Tochter des mächtigen Kon-
suls,
Vornehm prangend im Schmuck, wann rasende Wut dich
empöret?«
Was wohl sagt' er dagegen? Das Weib ist hoher Geburt
doch?
Wie weit Besseres lehrt, wie ganz Mißhelliges jenem
Lehrt die so reiche Natur an eigenem Gute, wofern du

75 Recht anwenden nur willst und nicht Fliehbares Er-
wünschtem
Stets einmengst! Ob durch dich, ob durch äußere Dinge du
leidest,
Solches verschlägt dir nichts? Drum, ehe dich Schaden
gereuet,
Ende der edelen Weiber Verfolgungen, welche der bösen
Mühsal mehr zum Genuß als Frucht dir gewähren und
Vorteil.

80 Auch nicht mehr, ob in Perlen sie blink' und grünen Sma-
ragden,
Ist ihr zart, o Cerinth, als deine die Hüft' und das Bein
nicht
Rundlicher; oft gar zeigt es die üppige Tänzerin schöner.
Nimm noch, daß sie die War' ungeschminkt dir träget und
offen,
Was zu verkaufen sie hat, vorzeigt: nicht alles, was hübsch
ist,

85 Prahlerisch leget zur Schau, und Unachtbares verheim-
licht.

Mächtigen ist der Gebrauch, wenn sie Ross' einkaufen,
umhüllt sie
Wohl zu beschaun, daß nicht, wenn. wie oftmals, herrliche
Bildung
Steht auf weichlichem Fuß, sie verführe den hitzigen Käu-

fer,
Weil so stattlich das Kreuz und das Haupt kurz, ragend
der Hals ist.

90 So thun jene mit Recht. O nicht scharfäugig wie Lynkeus
Mustre des Baus Schönheiten, und blind, noch mehr denn
Hypsäa,
Schaue, was unschön ist!»Welch Bein! welch reizender
Arm!« Doch
Lendenlos, großnasig, am Leib kurz ist sie, am Fuß lang.
Nichts der edlen Matron' ist sichtbar außer dem Antlitz;

95 Sonst, ist sie Catia nicht, hüllt alles das lange Gewand ein.
Wenn du Verbotenes suchst, was die Schanz' einhegete
(denn das
Ist's, was rasend dich macht); wie viel dann hemmt dir
den Zugang!
Wächter des Gangs, Tragbett, Haarkräuseler, Tafelgesel-
lin,
Wallendes Kleid zum Knöchel hinab, einhüllender Mantel,

100Mehreres noch, was neidisch den offenen Blick dir ver-
wehret.

Jen' ist ganz ungehemmt: im koischen Flore sie anschaun
Kannst du wie nackt, ob übel das Bein, unzierlich der Fuß
sei;
Kannst mit dem Aug' ausmessen den Wuchs. Wie? woll-
test du lieber,
Daß man Betrug dir spielt' und das Geld ablockte, bevor
man

105Offen die Ware gezeigt?»Wie dem flüchtigen Hasen der
Weidmann
Tief durch den Schnee nachjagt, wenn er dasitzt, ihn unbe-
rührt läßt:«
Singt er, und füget hinzu:»Dem gleich ist unsere Lieb'
auch;
An Vorliegendem schwebt sie vorbei und Entfliehendes
hascht sie.«

Und mit solchem Gesang', erwartest du, werde der
Schmerz dir,

110Werde die Glut und der Sorgen Tumult aus dem Herzen
gebannet?
Ist nicht, welcherlei Maß den Begierden gestellt die Natur
selbst,
Was sie ertrag' und was sie mit Schmerz sich fühle gewei-
gert,
Heilsamer das ausspähn und die Hüls' abtrennen vom
Kerne?
Sprich, wann den Hals dir brennet der Durst, nach golde-
nen Bechern

115Suchest du? sprich, im Hunger ist alles dir widerlich, au-
ßer
Pfau und Butte des Meers? Wann nun die Begier dich
entflammet,
Willst du die Magd, und den Sproß der Familie, welche
zur Kühlung
Stracks dir bereit sind, lieber verschmähn, und bersten vor
Sehnsucht?
Ich nicht: leicht mir verschafften Genuß und willigen lob'
ich.

120Jene mit: »Bald! Nein, höher hinauf! Wenn der Mann nicht
daheim ist!«
Gönnt Philodem den Verschnitt'nen, sich selbst die, wel-
che zu hoch nicht
Stehet im Preis' und zu lang' ausbleibt, wenn ein Lieben-
der einlud;
Blank und grade dabei und geschmückt so, daß sie nicht
länger,
Auch nicht weißer sich wünscht von Ansehn, als die Na-
tur gab.

125O wenn diese vertraulich mir links an die Seite sich an-
schmiegt;
Ilia nenn' ich sie dann und Egeria und was mir einfällt.
Nicht in der Lust auch fürcht' ich, daß komme der Mann
vom Gefilde,

Plötzlich die Thür' anfkrache, der Hund bell', alles umher laut
Dröhn' in dem Hause von Lärm und Tumult, bleichgelb aus dem Lager

130 Springe das Weib, elend die Vertraute sich nenne mit Angstschrei,
Diese der Beine besorgt, die Ertappte des Gutes, ich selbst mein.
Hastig entfliehn muß einer, den Rock ungegürtet und barfuß,
Daß nicht das Geld umkomme, der Steiß gar, oder der Ruf doch.
Schlimm hat's, wen man ertappt: ob auch Fabius richte, behaupt' ich's!

3. Beurteilung eigener und fremder Fehler.

Alle sie haben den Fehler die Musiker: unter den Freun-
den
Wollen sie nie anheben ein Lied, durch Bitte beweget;
Ohne Geheiß dann singen sie rastlos. So war des Sarders,
Jenes Tigellius Art. Wenn Cäsar, dessen Befehl zwang,

5 Ihn bei der Freundschaft bat, sein selbst und des göttli-
chen Vaters;
Gar nichts richtet' er aus. Sobald ihm beliebte, vom Ei an
Scholl's bis zum Apfel: Io! Heil! Bacchos! bald zu dem
höchsten
Saitengetön, bald wieder zum untersten Halle des Bas-
ses.
Nichts Gleichmäßiges war an dem Mann. Oft rannte er,
wie wer

10 Flieht den verfolgenden Feind; oft langsam wandelt' er,
wie wer
Junos Heiliges trägt. Oftmal zweihundert der Knechte
Hatt' er und oft nur zehn. Bald Könige tönt' und Tetrar-
chen,
Lauter Erhabnes, sein Mund; bald: »Sei dreifüßig der
Tisch mir,
Reines Salz in der Muschel, ein Rock auch, welcher die
Kälte,

15 Grob wie er ist, abwehrt!« Ob tausendmal tausend du
schenktest
Diesem so leicht und kärglich Befriedigten; wenige Tag',
und
Nichts war im Beutel zurück. Nachts schwärmet' er bis
zu der hellen
Frühe, den Tag durch schnarcht' er zum Abende. Nichts
war so uneins
Je mit sich. Nun könnte mir jemand sagen: Und du hast

20 Keinen Fehl? Wohl andre, vielleicht nur kleinere, hab'
ich.

Hinter dem Novius sprach einst Mänius übel. »Gemach!«
rief
Jemand: »Bist du dir fremd? und glaubest du, fremd
auch uns andern
Worte zu leihn?« – O mir, sprach Mänius wieder, ver-
zeih' ich.
Thöricht und schamlos ist Selbstlieb' und würdig der
Rüge.

25 Wann dein eigenes schlecht mit triefendem Auge du
musterst,
Sage, warum für der Freunde Vergehn so schärfen die
Sehkraft,
Wie epidaurischer Drach' und Adeler? Aber dich selbst
nun
Trifft's, daß deinem Vergehn gleich scharf nachspüren
die andern.
Reizbar ist er ein wenig zum Zorn; nicht ganz für die
feinen

30 Nasen der heutigen Welt; man kann sein lachen, dieweil
ihm
Bei zu ländlicher Schur das Gewand hinfließet und
schlotternd
Hängt an dem Fuße der Schuh. Doch brav ist dieser und
redlich
Wie kein anderer; doch dein Freund; doch großes Gemüt
wohnt
Unter der rauheren Hüll' im Verborgenen. Endlich dich
selber

35 Rüttele du, ob dir die Natur auch einige Fehler
Eingepflanzt, ob auch böse Gewohnheit manche; du
weißt ja,
Auf nachlässigem Boden gedeiht zum Verbrennen das
Unkraut.

Dorthin eher gelenkt, daß dem Liebenden immer der
Liebsten
Häßliche Fehler entgehn, als blinzenden, oder sogar ihm

40 Reizvoll sind, wie der Hagna Polyp dem verliebten
Balbinus.
Wenn in der Freundschaft doch wir auch so irrten, und
solchem
Irrtum hätte geliehn anständigen Namen die Tugend!
Ja. wie der Vater am Sohn, so müssen auch wir an den
Freunden,
Blickt wo ein Fehler hervor, nicht ekel sehen: den Schie-
ler

45 Nennt sich *Blinzaug'* der Vater, und *Küchlein* ruft er,
wenn winzig
Blieb ein verbuttetes Kind, wie das unreif fallende
Zwerglein
Sisyphus; *Teckelchen* heißt, wem die Bein' aussäbeln, und
jenem
Wird *Klumpfüßchen* gelallt, der auf klotziger Ferse daher-
stapft.
Lebt dir der zu genau? Haushälterisch heiß' er. Zu win-
dig

50 Und ruhmredig ist dieser ein weniges? Artig mit Freun-
den
Hört er sich gerne genannt. Doch Polterer ist er zu sehr,
und
Über den Anstand frei? Für einfach nehmt ihn und bie-
der.
Ist er zu rasch? Er gehört zu den feurigen Seelen. O
glaubt mir,
Solch ein Thun verbindet, und hält verbundene Freund-
schaft.

55 Wir hingegen verkehren die Tugenden selber und strei-
chen
Gern in das lautere Faß beischmeckende Tünche. Beträgt
sich
Ehrlich einer mit uns? O des gar Schwachmütigen! Je-
nem
Langsamen leihn wir den Namen des Dummkopfs. Die-
ser vermeidet

Jegliche Schling' und gewährt nie offene Seite der Arglist;

60 Da er in solchem Verkehre des Lebens schwebt, wo ihm nachstellt
Bitterer Neid und ein Heer von Verleumdungen: ihn, der gescheit ist
Und nicht unvorsichtig, benennen wir falsch und verschlagen.
Ist zu natürlich ein Mann, und so, wie ich selber im Frohsinn
Oft mich dir, o Mäcenas, erbot, der den Lesenden etwa

65 Oder den Schweigenden quer anrennt mit mancherlei Schwatzen:
»Ganz des geselligen Sinnes entbehret er« rufen wir. Ach wie
Vorschnell gegen uns selbst ein hartes Gesetz zu verfügen!
Frei war nimmer der Fehl' ein Geborener: besser ist der Mann.
Den geringere drücken. Der herzliche Freund, wenn, wie billig,

70 Fehl' und Gutes zugleich er mir abwägt, wolle der Mehrheit
(Ist ja mehr mir des Guten) das Herz aneignen. Gefällt ihm
Lieb' auf solchen Beding, so wäge die selbige Schal' ihn.
Welcher verlangt, daß den Freund sein eigenes Knollengewächs nicht
Ärgere, schenk' ihm dafür auch einige Warzen. Gerecht ist:

75 Wünschest du deinem Vergehn Nachsicht, so erwidere Nachsicht.

Endlich da ganz mit der Wurzel den Zorn ausrotten so wenig
Jemand kann, wie was sonst anhaftet den Thoren; warum nicht

Will ihr Maß und Gewicht die Vernunft anwenden und jeder
Sache gemäß dem Vergehn abschreckende Strafe bestimmen?

80 Wer den Knecht, der, die Schüssel dem Tisch zu entheben beauftragt,
Halbgegessene Fisch' und lauliche Brühe genaschet,
Nageln ließ an das Kreuz, unklüger denn Labeo würd' er
Unter den Klugen genannt. *Wie* noch weit rasender, *wie* weit
Größer ist dieses Vergehn! Ein weniges fehlte der Freund dir;

85 Nicht ihm solches verzeihn, wär' unleutselig; erbittert
Hassest du, fliehest du ihn, wie den Ruso fliehet der Schuldner:
Der, wenn der Elende nicht zur traurigen Frist der Kalenden
Hauptstuhl oder auch Zinsen herausklaubt, herbes Verhängnis!
Seinem Roman, ein Gefangner, den Hals darstrecket, und anhört.

90 Er hat das Polster beharnet im Trunk und vom Tische geworfen
Einen Kump, den die Hand des Euandros drehete; darum,
Oder dieweil er ein Hühnchen, das vor mir lag in der Schüssel,
Sich als Hungriger nahm, darum soll weniger lieb sein
Mir mein Freund? Was, wenn er mir Diebstahl hätte geübet,

95 Oder der Treue Verrat? wenn abgeleugnet die Handschrift?

Welche wie gleich ansehn die Vergehungen, ringen mit Arbeit,
Wann zur Bewährung es kommt; denn Gefühl kämpft gegen und Sitte,

Selber der Nutz, der von Recht und Billigkeit Vater bei-
nah ist.
Als aus beginnender Erde die Brut der Beseelten hervor-
kroch,

100Stummes und garstiges Vieh, da begann um Eichel und
Lager,
Erst mit Klaun und Fäusten, sodann mit Keulen und
hierauf
Gar mit Waffen der Kampf, die Gebrauch allmählich
geschmiedet:
Bis man gegliederte Wort', um Laut und Gefühl zu be-
zeichnen,
Samt den Benennungen fand. Nunmehr abstehend vom
Kriege,

105Gingen sie, Städt' und Vesten zu baun, und ordneten
Satzung,
Weder Dieb noch Mörder zu sein. noch Eheverletzer.
Denn *vor* Helena schon war Geschlechtslust scheußlicher
Kriege
Anlaß; doch jene versanken durch ungefeierte Tode,
Die, wenn sie, gleich dem Gewild unstete Vermählungen
rafften,

110Einer an Kraft vorragend erschlug, wie der Stier in der
Waldtrift.
Furcht vor dem Unrecht führte zum Recht, was jeder
gestehn muß,
Welcher der Zeit Fortgang und der Welt Jahrbücher ent-
rollet.
Weder vermag die Natur vom Recht zu scheiden das
Unrecht,
So wie sie teilt, was gut und verkehrt, fliehbar und er-
wünschbar;

115Noch wird Vernunft darthun. daß gleich viel sündige
völlig,
Wer sich gekräuselten Kohl abbrach im Garten des
Nachbars,

Und wer nächtlich der Götter Altargut raubete. Not ist
Regelung, die dem Vergehn gleichmäßige Strafen erken-
net:
Daß du, wer Peitsche verdient, nicht haust mit entsetzli-
cher Geißel.

120Denn daß nur mit der Gerte du stäupst den härterer
Streiche
Schuldigen, sorg' ich nicht, da du aussagst, gleicher Na-
tur sei
Stehlen und mörderisch rauben. und drohst, so Großes
wie Kleines
Wollest mit einerlei Hippe du wegmähn, wenn dich zum
König
Setzte das Menschengeschlecht. – Wenn reich vor allen
der Weis' ist,

125Gut auch, zum Schuster sogar, und allein bildschön, und
ein König;
Wünschest du noch, was du hast? – »Du verstehst nicht,«
saget der Mann, »was
Vater Chrysippus sagt: Nie hat sich der Weise Pantof-
feln,
Nie sich Schuhe gemacht; doch der Weis' ist Schuster
und bleibt's! – Wie? –
»So wie, schweig' er auch ganz, Hermogenes Sänger
jedoch und

130Trefflicher Musiker ist; wie Alfen, der verschmitzte,
nachdem er
Alle Geräte der Kunst wegwarf und die Bude verschloß,
noch
War ein Barbier: so ist auch der Weis' ein vollendeter
Künstler
Jeglicher Kunst, so König allein!« – Mutwillige Buben
Zupfen dir, siehe, den Bart! Wo du nicht mit dem Stocke
sie bändigst,

135Wirst du gedrängt von dem Schwarme der rings Umste-
henden, bis du
Jämmerlich platzest und bellst, großmächtiger Könige

König!

Um nicht lang es zu machen: indes für den Heller ins Bad du

Gehst, mein König und Herr, und dir kein einziger Hofmann

Nachfolgt, außer Crispinus, dem Plauderer, werden auch mir wohl

140Gütig verzeihn, wo ich etwa aus Thorheit fehlte, die Freunde;

Ich dann dulde dafür auch ihre Vergehungen willig;

So bin ich Niederer mehr, als du Herr König, beseligt.

4. Verteidigung der Satire.

Eupolis nebst dem Kratin, Aristophanes ferner, die Dichter,
Auch wer sonst ehrwürdig der alten Komödie vorstand,
Pflegten, wo einer verdient', als Schalk zu erscheinen und Gaudieb,
Als Eh'brecher, und als Dolchtragender, oder wodurch auch
5 Übel bekannt, ihn sehr freiherzigen Mutes zu zeichnen.
Ganz schließt diesen sich an Lucilius, diesen nur folgt er,
Nur daß Takt und Maß er vertauscht', anmutigen Witzes
Und feinspürender Nase; doch hart in der Verse Gestaltung.
Denn dies war sein Fehl: in der Stund' oft gegen zweihundert,
10 Als was Herrliches, gab er euch Vers', ein Bein in der Schwebe.
Floß er in schlammigem Sturz, doch war, was heben du möchtest:
Reich an Geschwätz, und träge zur Arbeit gehend des Schreibens,
Daß er schriebe, was gut; denn ob viel, nichts acht' ich es. Schaut doch,
Wetten beut mir Crispin um das Mindeste. »Nimm, wenn du Herz hast,
15 Ich auch nehme Papier, man geb' Ort, Stund' uns und Wächter;
Laß uns sehn, wer von beiden am fertigsten führe die Feder.«
Wohlthat übten die Götter, daß so kleinmütiger und so
Dürftiger Geist mir ward, der selten und weniges redet!
Du magst atmende Lüste, gezwängt in Bälge von Bockhaut,
20 Die stets fortarbeiten, bis weich in der Hitze der Stahl fließt,
Wie dir gefällt, nachahmen. –
                    O Fannius, der ungefordert
Stiftete Kästchen und Bild, Glückseliger! Keiner indes liest,
Was ich schrieb, das Gehör der Versammlungen scheuend, darum, weil

Mancher ist, den solches am wenigsten freuet, da mancher

25 Tadelnswürdig sich fühlt. Wen ihr wollt, greift mitten vom
Schwarm aus:
Krank entweder an Geiz ist der Elende oder an Ehrfurcht;
Der jagt Gattinnen nach, der liebkost weibische Knäblein;
Dem lacht glänzendes Silber; ein Albius staunt vor dem
Erzwerk;
Tausch treibt jener mit Waren aus östlicher Sonne, zu jener,

30 Welche den Westen erwärmt; durch Gefahr kopfüber sich
tummelnd,
Schwärmet er gleich wie der Staub, den der Sturm aufwir-
belte, angstvoll,
Ob was schwind' an der Summ', und nicht anwachse das
Gütlein.
Diese gesamt scheun Verse wie Pest und hassen die Dichter.
»Lauft! Heu trägt er am Horn! Lauft weit! Wenn nur in Ge-
lächter

35 Sich ausschütten er kann, so verschont der selber den
Freund nicht!
Und wenn er *einmal* was dem Papier ankleckste, wie freut's
ihn,
Bis es gehört, wer vom Bäcker zurückkommt, oder vom
Schöpfbrunn,
Knaben und Mütterchen alle!« Vernimm nun Kurzes zur
Antwort.

Erst aus der Wenigen Zahl, die ich ansehn möchte für Dich-
ter,

40 Nehm' ich selber mich aus: denn nur voll messen ein Vers-
lein,
Nennest du schwerlich genug; und nicht, wer schreibet, wie
wir jetzt,
Nahe dem Ton des Gesprächs, wird drum dir scheinen ein
Dichter.
Wem lebendiger Geist. wem göttlicher Sinn und ein Laut
ward,
Großes hervorzulallen, verleihn wir so edle Benennung.

45 Deshalb, ob ein Gedicht die Komödie wär', ob was anders,
Ward von manchem gefragt; weil Kraft und Feuer und Auf-
schwung
Weder Wort noch Sache beseelt; wenn gemessener Takt
nicht
Höb' ihr Gespräch, ganz Sprache des Umgangs! »Doch wie
der Vater
Glühet und tobt, daß toll für die üppige Dirne der Wüstling,

50 Ha! sein Sohn, abweise die Braut mit köstlichem Mahlschatz,
Und in der Trunkenheit (o der entsetzlichen Schande) mit
Fackeln
Wandele noch vor Nacht!« Nun? würde Pomponius etwas
Schwächeres hören, denn das, wenn der Vater lebete? Folg-
lich,
Nicht ist genug, in den Vers natürliche Worte zu fügen,

55 Daß, wenn du ihn auflösest, ein jeglicher Vater genau so
Eifere, wie der verlarvte. Jedoch, was selber ich jetzo
Hinschrieb, oder vordem Lucilius, raubtest du solchem
Rhythmisches Maß und Verhalt, und ein früheres Wort in
der Ordnung
Würde zum späteren dir, dem äußersten folgte das erste;

60 Nicht, wie wenn du gelöst: »Nachdem die gräßliche Zwie-
tracht
Aufgebrochen das Thor und die eisernen Pfosten des Krie-
ges:«
Fändest du kennbar noch die zerstreueten Glieder des Dich-
ters.

So weit dies; in der Folg', ob so was wahres Gedicht sei.
Jetzo werde nur jenes erkundiget, ob denn mit Recht dir

65 Solcherlei Art von Schrift in Verdacht sei. Sulcius rennt dort
Hitzig und Caprius dort, beid' heiser, beladen mit Klag-
schrift;
Dieser und der ein Entsetzen dem Gaudieb: aber wenn
schuldlos
Und mit lauterer Hand wer lebt, beid' achtet er wenig.

Sei dem Cälius du, und dem Birrius ähnlich, den Räubern;

70 Nicht dem Caprius ich, noch dem Sulcius; also warum
Furcht?
Niemals Schriften von mir soll Bud' aushängen noch Pfeiler
Schwitzenden Händen des Volks, und Tigellius fingernder
Neugier;
Nie soll ich was vorlesen, als Freunden allein, und genötigt,
Nicht an allerlei Ort und vor jeglichem. Viele ja tönen

75 Selbst auf offenem Markt ihr Geschriebenes; mancher im
Bad auch:
Lieblich den Ton hallt wieder das hohle Gewölb'. Es erfreut
dies
Eitele, die darnach nie fragten, ob sie ohn' Urteil
Handelten, ob auch etwa zur Unzeit. »Aber du kränkst
gern.«
Heißt es, »und zwar absichtlich, aus Bosheit!,« Wo doch
ergriffst du,

80 Was du mir da zuschleuderst? Versicherte solches dir je-
mand
Derer, womit ich gelebt? Wer falsch nachredet dem Freunde,
Wer nicht redlich vertritt, wen ein anderer waget zu lästern,
Wer aufbrausendes Lachen sich hascht und die Ehre des
Witzlings,
Wer Ungesehenes greift aus der Luft und vertrautes Ge-
heimnis

85 Ausstreut, dieser ist schwarz, ihm nahe du, Römer, behut-
sam!

Oftmals sieht man je vier auf drei Schmauspolster gelagert,
Wovon einer sich freut, wie er kann, zu begeifern sie alle,
Schonend nur des, der den Tisch ihm breitete; trunken auch
des nicht,
Wann ihm das Herz eröffnet der wahrheitliebende Bacchus.

90 Dieser scheint dir gesellig und frank und ein artiger Welt-
mann,
Dir, der die Schwarzen so haßt. Wenn *ich* einst lachte, daß

thöricht
Bisam duftet Rufillus umher, Gargonius Bocksdunst,
Schein' ich ein Hämischer dir und ein Bissiger. Wenn, dir im
Beisein,
Über des Capitolinus Petillius Sache vom Diebstahl

95 Vorfiel irgend ein Wort, du verteidigtest, deinem Gebrauch
nach:
»Mir war Capitolinus von Kind auf immer ein Herzens-
Freund und Genoß; ich erkenne, wie manche Gefälligkeit er
mir
Leistete, und mich erfreut sein sicheres Wohl in der Haupt-
stadt.
Gleichwohl wundert mich das, wie doch aus jenem Gericht
er

100 Schlüpfete.« Das ist Schwärze wie Blackfischdinte; ja das ist
Fressender Rost! Daß entfernt dies Gift sein solle den Schrif-
ten,
So wie dem Herzen zuvor: wo von mir ja versprechen ich
etwas
Anderes kann, auf Treue versprech' ich es. Wenn ich zu frei
wo
Redet' ein Wort, wenn etwa zu scherzhaft, werde mit Nach-
sicht

105 Mir es vergönnt. Mich gewöhnt' also mein trefflicher Vater,
Fehler zu fliehn, da jeden er zeigt' im warnenden Beispiel.
Wenn er die Lehre mir gab, sparsam zu leben und mäßig,
Und zufrieden mit dem, was er durch Fleiß mir erworben:
»Siehest du nicht, wie elend der Sohn des Albius lebt, wie

110 Barrus in Not? ein Spiegel fürwahr, der jeglichen abschreckt,
Väterlich Gut zu verprassen!« Der Buhlerin schnöde Ge-
meinschaft
Macht' er mir also verhaßt: »Sei mir kein zweiter Sectanus!«
Daß nicht lüsterner Fraun ich begehrete, da mir erlaubt war
Reiner Genuß: »Wie befleckt des ertappten Trebonius Nam'
ist«

115 Rief er aus. »Was besser zu fliehn sei, was zu erwählen,

Wird mit Gründen der Weise dir darthun. Mir ist genug, wenn

Ich den Gebrauch mitmache, wie unsere Väter vor Alters,
Und, so lang' ein Hüter dir not thut, Ehr' und Gesundheit
Unverletzt dir bewahre. Sobald dir reiferes Alter

120Geist und Glieder gestärkt, dann schwimme mir ohne den Kork.« So

Bildete mich als Knaben sein Wort; und ob er mir anriet,
Etwas zu thun: »Da hast du ein Vorbild, also zu handeln,«
Sprach er und stellte mir einen der auserlesensten Männer;
Ob er verbot: »Daß dieses zu thun, unehrbar und unnütz

125Sei, des zweifelst du noch, da in übelem Rufe doch schwebet
Dieser und der?« Wie die Leiche des Nachbars lüsterne Kranke

Ängstiget, und, sich zu schonen aus Furcht des Todes, sie zwinget:

So kann zartere Herzen der fremden Verschuldungen Un-
ehr'

Oft abschrecken vom Fehl. So blieb ich gesund von den Las-
tern,

130Die zum Verderben hinführen; geringeren und der Verzei-
hung

Würdigen, dien' ich annoch. Vielleicht wird manches auch davon

Nehmen ein längeres Alter, der Rat freiherziger Freund-
schaft

Und mein eigner Bedacht. Denn weder auf heimlichem Ruhbett

Fehl' ich, noch in der Halle, mir selbst: »Rechtschaffener ist dies;

135Thät' ich dies, dann lebt' ich beglückt, so werd' ich den Freunden

Angenehm, das machte der Mann nicht hübsch, ob auch mir wohl

Unvermutet entschlüpft was ähnliches?« So mit mir selber
Geh' ich verschlossenen Mundes zu Rat; wenn Ruhe ver-
gönnt wird,

Spiel' ich es hin auf Papier. Von jenen geringeren Fehlern

140 Hast du einen gehört; und versagst du diesem die Nachsicht,
Stracks soll ein Heer von Poeten zu Hilfe mir mächtig daherziehn;
Denn wir sind ja bei weitem die Mehrzahl; und, wie die Juden,
Werden wir wohl dich zwingen, zu huldigen unserer Meinung.

5. Reise nach Brundusium.

Roma die große verließ ich, da bot mir Aricia Nachtruh,
Mäßig genug; mit reiste der Rhetor Heliodorus,
Griechischer Zung' ausbündig gelehrt. Dann Appii Forum,
Voll von Matrosen gedrängt und voll von prellenden Wirten.

5 Also schlenderten wir auf der Fahrt zwei Tage, wo Raschern
Einer genügt; für Träg' ist die Appia weniger lästig.
Hier nun war das Gewässer so jämmerlich. daß ich dem
Magen
Mußte den Krieg ankündigen, der schmausenden Reisegesellschaft
Harrend mit schwacher Geduld. Schon wollte die Nacht um
den Erdkreis

10 Schatten ziehn und den Himmel bestreun mit funkelnden
Sternen.
Bursch' und Matrosen anjetzt, im Wechselgeschrei miteinander,
Haderten: »Hier leg an!« – »Drei Hunderte pfropfst du hinein! Halt!
Lange genug!« Bis das Geld man verlangt, bis gespannet das
Maultier,
Fliehet die Stund' hin. Mückengeschwärm und die Frösche
des Sumpfes

15 Scheuchen den Schlaf uns fort; laut singt der entfernten Genossin,
Brav mit Lauer getränkt, Fährmann und Treiber des Zugtiers
Lied um Lied. Doch endlich vor Müdigkeit legt sich der
Treiber
Sanft zur Ruh, und das Seil des zum Grasen entlassenen
Maultiers
Knüpft der faule Matros' an den Stein, sinkt rücklings und
schnarchet.

20 Als schon hellte der Tag, nicht vorwärts komme der Nachen,
Merken wir jetzt: da entsprang der Strudelköpfigen einer,

Welcher dem Maul und Matrosen so Haupt als Lende mit weidnem
Prügel zerwalkt. Notdürftig um vier Uhr sind wir gelandet.
Deine Flut nun spülte, Feronia, Händ' und Gesicht uns.

25 Drauf nach dem Mittagsmahl drei Millien kriechend, ersteigt man
Anxurs ragende Stadt auf weithin schimmerndem Felshaupt.
Hierher war Mäcenas bestimmt und der edle Coccejus,
Sich zu nahn, für große Verhandlungen beide geordnet,
Als Botschafter, gewohnt entzweiete Freunde zu einen.

30 Hier verschafft' ich dem blöden Gesicht durch dunkelen Balsam
Linderung. Bald nun kam Mäcenas daher, und Coccejus,
Capito auch, Fontejus genannt, bis zur Probe des Nagels
Abgeschliffen, und so des Antonius Freund, wie kein andrer.
Fundi, unter dem Prätor Aufidius Luscus, verließ man

35 Nicht ungern und belacht' an dem albernen Schreiber den Amtsprunk:
Hellen Talar, breit Purpurgesäum und Pfanne des Weihrauchs.
Müd' jetzt ruheten wir in der preislichen Stadt der Mamurren,
Wo Murena das Haus und die Küch' uns Capito darbot.

Hierauf dämmert' ein Tag von erhabener Seligkeit, weil uns

40 Plotius, Varius auch, und Vergilius zu Sinnessa
Naheten; Seelen der Art, daß reinere nimmer die Erde
Trug, und welchen von mir kein anderer mehr ist verpflichtet.
Welch ein Umarmen das war; wie unendliche Freud' und Entzückung,
Nichts, so lange ich leb', ist dem trautesten Freunde vergleichbar!

45 Nächst der campanischen Brücke gewährt' ein ländliches

Höflein
Obdach, Lieferer boten das schuldige Salz und Gehölz dar.
Drauf in Capua senken die Maul' uns frühe die Sättel.
Spielen geht Mäcenas, ich selbst und Vergilius schlummern:
Denn Triefäugigen schadet wie schwächlichen Magen das
Ballspiel

50 Drauf bot guten Empfang der gesegnete Hof des Coccejus,
Über die Schenken hinaus von Caudium. Jetzo ein wenig,
Wie Sarmentus der Spaßer mit Messius kämpfte, dem Gack-
hahn,
Muse, verkünde mir doch; und welches Geschlechts sie im
Wettstreit
Eiferten. Oscischen Stamms blühn Messier hell; dem Sar-
mentus

55 Lebt die Eignerin noch. Von solcherlei Ahnen erzeuget,
Traten sie beide zum Kampf. Es begann Sarmentus: »Du
hast mir
Völlig des kollernden Gauls Ansehn!« Wir lachen; auch sel-
ber
Messius: »Bravo, es gilt!« kopfschüttelt er. »O wenn entmäht
nicht
Wäre der Stirne das Horn,« sprach der; »was thätest du
wohl, da

60 Also gestutzt du mir drohst?« Den anderen schändete näm-
lich
Links an der borstigen Stirne die garstige Narbe des Knol-
lens.
Als die Campanergeschwulst und das Antlitz viel er bespöt-
telt,
Bat er ihn: »Tanz' uns einmal als wilder Cyklop auf der
Geißtrift;
Gar nicht brauchst du der Larv' und des tragischen Stelzen-
kothurnus!«

65 Schreihals vieles darauf: Ob bereits er den Laren die Fessel
Nach dem Gelübde geschenkt? so fraget er; daß er sich
Schreiber

Titelte, nähme ja nichts dem Rechte der Eignerin. Endlich
Forscht' er, warum jemals er entflohn; ihm wäre genug ja
Ein Pfund Dinkel des Tags, dem schmächtigen Dinge, dem
Wichtlein!

70 Also dehneten uns kurzweilige Possen den Nachtschmaus.

Auf Benevent geht grade die Fahrt: wo der thätige Wirt fast
Wäre verbrannt, umdrehend die mageren Drosseln am Feu-
er.
Denn rings loderte schon, durch die altende Küche verbrei-
tet,
Glut des Vulkan und schwang sich mit leckender Flamme
zum Dach auf.

75 O wie begierig die Gäste den Schmaus, wie verstohlen die
Diener,
Rafften hinweg! wie zu löschen ein jeglicher hastig umher-
lief!

Jetzo beginnt mein holdes Apulien mir die bekannten
Heimatsberge zu zeigen, wo schwül der Atabulus wehet.
Diesen entkrochen wir nie, wenn nicht unweit von Trivicum

80 Uns ein Gehöft' aufnahm, nicht frei des bethränenden Rau-
ches,
Weil noch grünes Gezweige mit Laub im Kamine gebrannt
ward.
Hier, ich alberner Thor! erwart' ich ein neckisches Mädchen,
Rastlos bis zur Mitte der Nacht; da bewältigt der Schlummer
Mich in Gedanken der Lust: mit unehrbarem Gegaukel

85 Nahet ein Traum schamlos und läßt unsaubere Spuren.

Vierundzwanzig nunmehr der Millien rollt die Kalesch' uns,
Auszuruhn in dem Städtchen, das nicht im Verse sich nen-
net,
Lieber an Zeichen erkannt: feil ist, das gemeinste der Dinge,
Wasser daselbst; doch Brot ist wunderherrlich, daß jenseits

90 Häufig davon auf der Schulter der kundige Wanderer mit-
nimmt;

Denn in Canusium knirscht's. Nicht reichlicher quillet mit
Wasser
Jener Ort, den baute der Held Diomedes vor alters.
Hier von den weinenden Freunden entfernt sich Varius trau-
rig.

Müde darauf nach Rubi gelangten wir, weil den so langen

95 Weg wir eilig gemacht, den noch Platzregen verwüstet.
Folgenden Tags war besser die Witterung, ärger die Bahn,
bis
Bariums Stadt, von Fischen genährt. Auch Gnatias Örtlein,
Einst im Zorne der Nymphen erbaut, gab Scherz und Ge-
lächter:
Denn es verdampf' ohn' Glut auf der heiligen Schwelle der
Weihrauch,

100 Wollte man uns einreden. Das glaube der Jude Apella,
Nicht *ich*, welcher gelernt, daß mühlos leben die Götter,
Und nicht, wenn die Natur was Seltsames schaffet, des
Himmels
Grämliche Mächt' es senden herab aus olympischem Ob-
dach.
Jetzt in Brundusium endet das lange Gedicht und die Reise.

6. Glück der Resignation.

Nicht weil, was auch, Mäcenas, von lydischem Volke Tyr-
rhener-
Fluren gebaut, niemand dir vorragt, edleren Blutes;
Noch weil dir, von Mutter sowohl wie von Vater, der Ahn-
herr
Vormals Oberbefehl großmächtiger Heere verwaltet:

5 Pflegst du wie mehrere thun, mit hohem Gerümpf zu ernie-
dern
Namenlose, wie mich, den Sohn des gefreieten Vaters.
Da dir's wenig verschlägt, von wem jedweder gezeugt ward,
Wenn nur freier Geburt; du hegst die richtige Meinung,
Daß vor Tulius Macht und unerbadlicher Herrschaft

10 Oft viel wackere Männer aus nicht uralten Geschlechtern
Biederherzig gelebt und mit glänzenden Ehren geschmü-
cket,
Doch daß Lävinus, ein Sproß vom Valerius, der des gewalt-
sam
Stolzen Tarquinius Thron umstürzete, nicht auch um eines
Pfenniges Wert, je höher geschätzt sei worden im Urteil

15 Selber des Volks, das du kennest, wie thöricht solches die
Ehren
Oft Unwürdigen giebt, wie es lächerlich fröhnt der Be-
rühmtheit,
Wie Amtstitel und Ahnen es anstaunt: was denn gebühret
Uns zu thun, die vom Pöbel in weitester Weite getrennt sind!

Sei's doch, es möchte das Volk dem Lävinus vielmehr, wie
dem neuen

20 Decius, Amt und Ehre vertraun, ja es striche der Censor
Appius, wär' ich nicht vom freigeborenen Vater:
Billig sogar, weil nicht in eigener Haut ich geruhet;
Aber die Ruhmsucht zieht, am glänzenden Wagen gefesselt,
So Namlose wie Edle dahin. Was, Tillius, half dir's,

25 Wiederzunehmen als Volkstribun den gelegeten Purpur?
Neid nur wuchs, der außer dem Amt dich weniger drückte.
Denn so wie jeglicher Thor sein Bein schwarzsämischem
Leder
Einschloß und an dem Busen herab breit Purpurgesäum
trug;
Hören muß er sogleich: Wer der Mann da? welcherlei Va-
ters?

30 Wie wenn einer, der krankt an des Barrus Schwäche, daß
bildschön
Er zu erscheinen begehrt, wohin er auch gehet, den Mägd-
lein
Arbeit macht zu erforschen im einzelnen, welcher Gestalt
sein
Antlitz sei, auch die Wade, der Fuß, sein Zahn und das
Haupthaar;
So auch, wer sich erbeut, daß Bürger und Stadt er in Obhut

35 Nehm', Italien auch und das Reich und die Tempel der Göt-
ter:
Welch ein Vater ihm sei, ob dunkelen Stammes die Mutter?
Zwingt er die Sterblichen alle zu spähn und zu forschen mit
Neugier.
»Du, des Syrus, des Dama, ja du, Dionysius Sohn, wagst
Bürger herabzustürzen vom Fels und zu liefern dem Kad-
mus?« –

40 »Novius doch, der Genoß, sitzt hinter mir eine der Stufen:
Er ist, was mein Vater nur war.« – »Des dünkst du dich Pau-
lus
Und Messala zu sein? Doch *er*, ob bei Hunderten Kärrner
Und drei Leichengefolg' auf dem Markt sich begegneten, *er*
tönt
Lauter, denn Heerhorn tönt und Posaun'! Einnehmend ist
das doch!

45 Jetzo wieder auf mich, den Sohn des gefreieten Vaters,
Mich, den jeglicher zwackt, als Sohn des gefreieten Vaters;
Jetzt, weil dir, o Mäcenas, gesellt ich lebe; doch vormals,

Weil mir Tribun zu Gebote des römischen Volks Legion
stand.
Ungleich dieses und das: denn nicht, wer etwa die Würde

50 Mir mißgönnte mit Recht, mißgönnt dich also den Freund
auch;
Da ja so vorsichtsvoll du Würdige wählst, die der Ehrfurcht
Schleichende Ränke verschmähn. Kein Glückskind darum
genannt sein
Darf ich, als hätte dich Freund zufälliges Los mir erteilet.
Denn kein blind Ungefähr gab dich mir. Irgend einmal hat

55 Mein Vergil dir gesagt, dann Varius auch, was ich wäre.
Als mir Zutritt ward, nur wenig einzelnes red' ich;
Denn unmündige Scham verbot mir mehrere Worte:
Nicht, wie vom glänzenden Vater ich aufwuchs, nicht, wie
ich ringsum
Eigenes Feld durchtrab' auf saturejanischem Rosse;

60 Nein, was ich war, erzähl' ich; du sagst drauf, deinem Ge-
brauch nach,
Wenig; ich geh'; und du rufst neun Monde nachher und
gebietest,
Daß in der deinigen Zahl ich sei. Groß acht' ich ein solches,
Weil mich empfahl dir, welcher vom nichtigen scheidet den
biedern,
Nicht glanzvolle Geburt, nein lauteres Leben und Unschuld.

65 Wenn durch mäßige Fehler jedoch, und wenige, mir ist
Tadelhaft die Natur, im übrigen gut, (so wie etwa
Auch an herrlicher Bildung erscheint manch fleckendes
Sprößlein;)
Wenn nicht gierigen Geiz, nicht Schmutz, noch verrufene
Winkel,
Je mir einer mit Fug vorwirft; wenn rein und unsträflich

70 (Um mich selber zu loben), wenn wert ich lebe den Freun-
den:
Sei es dem Vater gedankt, der, arm bei ärmlichem Gütlein,
Nicht in die Schule mich sandte zu Flavius, unserem Meis-
ter,

Wohin stattliche Söhn' hochstattlicher Centurionen,
Links am Arme die Beutel gehängt und das ziffernde Täf-
lein,

75 Handelten, fällige Zinsen dem Monatsmittel berechnend.
Herzhaft führt' er den Knaben nach Rom hin, dort zu erler-
nen,
Künste, wie jeder sie lehrt, wer Ritter ist oder Senator,
Sprößlingen seines Geschlechts. Anzug und folgende Die-
ner,
Wer in dem mächtigen Volk dies schauete, hegte den Wahn
wohl,

80 Daß großväterlich Gut mir spendete solcherlei Aufwand,
Selbst auch war er ein wacher und unbestechlicher Hüter
Mir bei den Lehrern allen umher. Was plauder' ich? Scham-
haft
(Das ist Krone der Tugend!) erhielt mich der Vater von allem
Schnöden Thun nicht allein, auch selbst vor schnödem Ver-
dacht schon.

85 Nicht war ihm bang', einst würde zum Fehl ihm einer es
deuten,
Wenn ich als Ausrufer, vielleicht, was er selbst war, Kassie-
rer,
Kleinlichem Lohn nachginge; noch hätt' ich geklaget. Doch
desto
Mehr des Lobes anjetzt und der Dankbarkeit bin ich ihm
schuldig.
Nie, solange ich leb', nie reue mich solches Erzeugers!

90 Nicht auch, was mehrere sagen, es sei ohn' ihre Verschul-
dung,
Daß nicht freie Geburt und Glanz sie geerbt von den Vätern,
Sei Rechtfertigung mir! Gar sehr mißhellig von jenen
Ist mein Wort und Gedanke. Denn ordnete selbst die Natur
uns,
Daß von beschiedenen Jahren der Lauf umkehrte des Le-
bens,

95 Und daß neu man wählte zu Prunk, was immer für Eltern;

Jeglichem ließ ich die Wahl: und vergnügt mit den Meini-
gen, möcht' ich
Nicht mit Stuhl und Gebund Hochprangende nehmen, ver-
standlos
Nach dem Bedünken des Volks, sinnvoll nach dem deinigen
etwa,
Weil ich der Last Mühsal, ungewohnt, ablehnte zu tragen.

100 Denn da müßt' ich sogleich nach größerem Gute mich um-
sehn,
Müßte zum Gruß mehr Volkes empfahn, müßt' diesen und
jenen
Mit im Geleit ziehn, um nicht allein in die Fremd' und zum
Landhof
Auszugehn, müßt' halten so viel Troßknechte und Diener,
Rosse dazu und Kutschen aus Gallien. Jetzt auf bescheidnem

105 Maultier trab' ich nach Lust, auch, wenn's mir beliebt, bis
Tarentum,
Dem die Lenden zerreibt das Gepäck, und der Reiter die
Schultern.
Klagt doch keiner des Schmutzes mich an, wie Tullius, dich
dort,
Wann auf Tiburs Wege dir Prätor fünf der Bedienten
Nur nachgehn und tragen den Kochtopf neben dem Wein-
korb.

110 O wie gemächlicher doch, als du, glanzvoller Senator,
Leb' ich, und als noch tausende andere! Wo mir gelüstet,
Wandr' ich allein und erkunde, wie teuer der Kohl und der
Dinkel;
Durch des beschnellenden Cirkus Gewühl und des däm-
mernden Marktes,
Irr' ich und steh' an den Buden der Glückweissager; zurück
dann

115 Kehr' ich zur häuslichen Schüssel mit Lauch und Erbsen und
Plinsen:
Drei Hausburschen besorgen den Nachtschmaus; schim-
mernder Marmor
Trägt der Becher ein Paar mit dem Guß; auch stehet am

Spülkump
Ärmliche Kann' und Opfergeschirr, Campanergeräte.
Hierauf geh' ich zur Ruh, unbeängstiget, daß ich am Morgen

120 Früh aufstehn und besuchen den Marsyas müsse, der grin-
send
Für unleidlich erklärt des jüngeren Novius Antlitz.
Sorglos lieg' ich bis vier; dann schlender' ich; oder, nachdem
ich
Las und schrieb, was im Stillen mich heiterte, brauch' ich des
Salböls,
Nicht um welches die Lampen betrügt der schweinische
Natta.

125 Aber sobald mich Müden die schärfere Sonne gemahnet,
Baden zu gehn, dann flieh ich den Kamp und das nackende
Ballspiel.
Dann, nach mäßiger Kost, was nur auffrischet den leeren
Magen, zu dauern den Tag, faulenz' ich ein Häuslicher. Also
Lebet, wer los sich gebunden vom Elendsjoche der Ehrsucht.

130 Hierbei hoff' ich getrost ein vergnügteres Leben hinfort, als
Wäre mir Quästor gewesen der Ahn, samt Vater und Oheim.

7. Der komische Rechtshandel.

Wie dem geächteten Rex Rupilius Geifer und Gift einst
Persius derbe bezahlte, der Blendling: dieses, vermut' ich,
Ist schon allen bekannt, Triefäugigen sowie Barbieren.

Persius hatt' als reicher Kompan in Klazomenä große

5 Handelsgeschäft' und mit Rex, dem Könige, lästigen Hader:
Hart von Natur und verhaßt, wie kaum der sich nennende
König,
Trotzig und aufgeblasen, mit galliger Rede so bissig,
Daß dem Sisenna, dem Barrus voraus ihn das Schimmelge-
spann trug.
Wieder zum Könige Rex. Als nichts in beider Gezänk sich

10 Einigte; (denn herzkränkend zu sein, sind alle befugt, wie
Tapfer zu sein, die entgegen der Krieg aufregete. Zwischen
Hektor, Priamos Sohn, und dem mutigen Helden Achilleus,
War so erbitterter Zorn, daß allein sie trennte zuletzt Tod.
Nicht aus anderem Grund', als weil in beiden die höchste

15 Männlichkeit war. Wenn zwei Feigherzige reizet die Zwie-
tracht,
Oder ein ungleich Paar sich herausruft, wie Diomedes
Samt dem Lykier Glaukos, so weicht der Trägere, selbst noch
Reichend ein Ehrengeschenk.) Nunmehr vor Brutus, dem
Prätor
Asias, traten zum Kampf hier Rex, dort Persius; daß nicht

20 Besser gepaart war Bithus mit Bacchius. Zu dem Gericht her
Stürzen sie beid' unbändig und sind ein erhabenes Schau-
spiel.
Persius rückt mit dem Handel hervor, sein lachen die Männer
Alle: den Brutus lobt er, er lobt das Gefolge des Brutus;
Asias Sonn' ist Brutus genannt; wohlthätiges Sternheer

25 Sind die Begleiter genannt, bis auf König Rex: denn ein
Hundsstern,
Welchen der Ackerer haßt, sei dieser genaht. Wie ein Berg-

strom
Stürzt er, der wogend von Schnee fortreißt, wo selten die Axt
haut.
Aber der Pränestiner bezahlt ihm die mächtige Salzflut
Mit dem Erguß Weinulmen entlehneter Schmähungen, kern-
haft,

30 Als unbezwungener Winzer, dem oft der Wanderer scham-
voll
Weichen gemußt, wann laut er daher ihm tönete »Kuckuck«.
Er nun, tüchtig gebeizt mit italischem Essig, der Grieche
Persius, schrie machtvoll: »Bei den Himmlischen fleh' ich, o
Brutus,
Der du Könige pflegest hinwegzuräumen, warum nicht

35 Auch den König gewürgt? Das, glaube mir, wäre für dich
was!«

8. Der Spuk.

Vormals war ich ein Klotz, von der Feig' unnützem Gehölze,
Als unschlüssig der Meister, ob Bank ich würd', ob Priapus,
Lieber zum Gott mich erschuf. Als Gott Dieben und Vögeln
Steh' ich zum Graun: denn die Diebe bezähmt in der Rechten
die Sichel

5 Und der gerötete Pfahl, der vorn abscheulich daherdroht.
Aber die Vögel gesamt, die beschwerlichen, schreckt auf der
Scheitel
Hastendes Rohr und verwehret den Sitz im werdenden Gar-
ten.
Hierher einst ließ tragen für Lohn in ärmlicher Lade
Aus einengender Zelle geworfene Leichen der Mitknecht.

10 Hier hatt' elendes Volk sein allgemeines Begräbnis,
Pantolab der Schmarotzer und Nomentanus der Wüstling.
Tausend Fuß am Wege beschied, drei Hunderte feldwärts,
Hier der Stein, daß nimmer ein Erb' ansprächte die Stiftung.
Nun ist völlig gesund der Esquilien Wohnung und Lustgang

15 Beut der sonnige Hügel umher, wo traurigen Anblick
Neulich gab der von weißem Gebein scheuselige Acker.
Aber es sind so sehr nicht Dieb' und Gewild, die von jeher
Gerne den Ort hier stören, zur Sorge mir oder zur Arbeit,
Als die bezaubernden Weiber, die durch Bannmurmel und
Giftkraut

20 Menschliche Herzen verdrehn. Durchaus nicht, weder ver-
derben
Kann ich sie noch abwehren, daß nicht, wann die schweifen-
de Luna
Voll aufstrahlt, sie sich lesen Gebein und schädliche Kräuter.
Selber ich sah, wie empor den finsteren Mantel gegürtet
Dort Canidia trat, barfuß mit flatterndem Haupthaar,

25 Wie sie mit Sagana heulte, der älteren; Blässe bedeckte
Beider Gesicht abscheulich. Zu kratzen das Land mit den
Nägeln

Und mit Gebiß zu zerreißen ein Lamm, schwarzwollig und weiblich,
Huben sie an. Hin strömte das Blut in die Grube, damit dort
Geister hervor sie lockten und Antwort gebende Seelen.

30 Auch war ein wollenes Bild, von Wachs ein anders; größer
Stand das wollene, Straf' und Züchtigung drohend dem kleinern;
Aber das Wachsbild stand demütig in sklavischer Stellung;
Schon wie dem Tode bestimmt. Der entsetzlichen Hekate rief die,
Jene Tisiphone laut. Nun sahe man Schlangen umherziehn,

35 Nun plutonischer Hunde Gewühl und der blutige Vollmond,
Des nicht Zeuge zu sein, schlich hinter ein höheres Grabmal.
Red' ich im mindesten falsch. so werde das Haupt von den Raben
Weiß betüncht, so komme, mich gröber denn grob zu besudeln,
Frau Pediatius knixend daher und der Gauner Voranus.

40 Warum alles durchgehn? wie im Wechselgespräch umeinander
Sagana tönt', und die Schatten mit piependem Jammergewinsel,
Wie sie den Wolfsbart dann mit dem Zahn der gesprenkelten Natter
Heimlich unter die Erd' einscharreten, und von dem Wachsbild
Heftiger flammte die Glut, wie, ein nicht ungerächeter Zeug', ich

45 Schaudert' in Angst vor den Stimmen des Furienpaars und den Thaten.
Denn so laut als platzend die Saublas' hallet, so farzt' ich,
Laut mit zerspaltendem Steiß; rasch flüchteten jene der Stadt zu.
Wie der Canidia Zähn', und der Sagana lockiger Haarputz
Fielen im Lauf, und die Kräuter, und all um die Arme geschlungnes

50Zaubergeflecht: viel gäbe dir Spaß und Gelächter der An-
blick.

9. Der Zudringliche.

Durch die heilige Straß' einst wandert' ich meinem Ge-
brauch nach
Sinnend, ich weiß nicht was für Kleinigkeit. gänzlich ver-
tieft drin.
Plötzlich heran kommt einer, bekannt mir bloß nach dem
Namen,
Und mir die Hand anfassend: »Wie geht's, mein trautester
Schatz doch?« –

5 »Leidlich genug, wie es kann:« ist die Antwort; »geh' es
erwünscht dir!«
Als er sich fest anhängte: »Begehrst du was?« frag' ich ihn
hastig.
»Deine Bekanntschaft:« sagt er; »Gelehrsamkeit treiben
wir.« – »Desto
Schätzbarer mir!« antwort' ich und quäle mich, suchend die
Ausflucht.
Bald nun geh ich voraus, bald bleib' ich stehen, ins Ohr
dann

10Flüster' ich leise dem Diener ein Wort, indes mir der Angst-
schweiß
Rinnt zu den Fersen hinab. »Wohl dir, Bolanus, mit deinem
Tollkopf!« sagt' ich geheim, da der andere, was ihm nur
einfiel,
Plapperte, jedes Quartier, ja die Stadt durch lobte. Nach-
dem ich
Nichts antwortete: »Armer, wie gern mir entschlüpftest
du!« sagt er.

15»Längst schon merk' ich es; aber umsonst; ich halte dich
fest, ich
Folge dir! Weiter wohin nun gehest du?« – »O mit dem
Umweg
Sei du verschont. Ich besuche da jemand, den du nicht ken-
nest:
Jenseit des Tiberis fern krankt der, bei den Gärten des Cä-

sar.« –
»Ich bin ohne Geschäft und ein Rüstiger; laß mich denn
mitgehn.«

20Mutlos senk' ich das Ohr, wie ein übellauniges Es'lein,
Wann zu schwer ihm den Rücken die Last drückt. Jener
beginnt nun:
»Kenn' ich selber mich recht, so wird kein werterer Freund
dir
Viscus noch Varius sein. Denn wer kann mehrere Verse
Hurtiger schreiben als ich? Wem sind die Gelenke zum
Tanze

25Schmeidiger? selbst ist neidisch Hermogenes, stimm' ich
Gesang an!«
Hier war einmal Einrede gegönnt mir: »Lebt dir die Mut-
ter?
Oder ein Sipp, den vergnügt dein Wohlsein?« – »Keiner ist
übrig.
Alle sie bracht' ich zur Ruh.« – »O die Seligen! Jetzo bin *ich*
noch.
Kurz nur davon! Denn es naht mein Trauergeschick, das
mir Knaben

30Einst nach geschütteltem Topf die sabellische Alte geweis-
sagt;
Den wird weder Vergiftung noch Schwert hinraffen des
Feindes,
Lahmendes Zipperlein nicht, noch Schmerz in der Seite,
noch Schwindsucht:
Ihn wird ein Plauderer einst mit Geschwätz aufreiben. Vor
Schwätzern
Nehm' er sich klüglich in acht, wann reifere Jahr' er erreicht
hat!«

35 Jetzt war Vestas Tempel erreicht, da ein Viertel des Tages
Schon verschwand; und es traf, daß er, nach gestellter
Bürgschaft
Sollt' auftreten vor Amt, bei Verlust des schwebenden
Handels.
»Hast du mich lieb, komm,« sprach er, »ein weniges leiste

mir Beistand.« –
»Tod und Verderb mir, taug' ich zum Stehn, und kenn' ich
das Stadtrecht!

40Und mich drängt, was du weißt.« – »Ich bedenke mich, was
ich verlasse,«
Sagt er, »ob dich, ob das Recht.« – »Mich, Gütiger!« –
»Nein, o fürwahr nicht!«
Ruft er und wandelt voran. Ich, weil mit dem Stärkeren
ringen
Hart ist, folge gefaßt. »Wie geht Mäcenas mit dir um?«
Nimmt er das Wort.– »Ein Mann für wenige, richtigen Ur-
teils.«

45»Niemand wußte gescheiter sein Glück zu nutzen! Du hät-
test
Einen gewaltigen Helfer, der treu dir könnte zur Hand sein,
Wenn den Mann du empföhlst aus Gefälligkeit. Treffe mich
Tod, gleich
Hast du sie alle verdrängt!« – »Nicht solch ein Leben da-
selbst wird,
Wie du wähnest, gelebt. Kein Haus ist reiner, denn jenes,

50Keins mehr solchem Getreib' abhold. Nichts schadet es je
mir,
Kommt ein Reicherer auch und Gelehrterer. Jeglichem ist
sein
Eigener Platz.« – »Was sagst du! Beinah Unglaubliches!« –
»Dennoch
Völlig so.« – »Du entflammst mir den Wunsch noch bren-
nender, jenem
Nahe zusein!« – »O wolle du nur! So ein Braver, wie du
bist,

55Wirst du Eroberer schon, und er läßt sich gewinnen, und
darum
Macht er den Zugang schwer.« – »Nicht werd' ich fehlen
mir selber!
Bald für Geschenk sind die Diener mir feil! Ist die Thüre
gesperrt heut,

Morgen wird wieder geklopft, auf Zeit und Gelegenheit
pass' ich,
Tret' ihn im Kreuzweg an und begleit' ihn! Nichts unbe-
schwert von

60Arbeit gab dies Leben den Sterblichen!« – Noch macht er
Pläne,
Siehe da kommt des Wegs mein teurer Aristius Fuscus,
Überaus wohlkundig. Wir stehn miteinander. Woher doch?
Und wohin? ist Frag' uns und Antwort. Leise nun zupft'
ich,
Zog mit der Hand an dem Arme, dem ganz Nachlässigen,
nickt' ihm,

65Seitwärts drehend den Blick, daß er rette mich. Aber der
Schalk dort
Lächelt' und that einfältig. Mir brannte die Gall' in der Le-
ber.
»Wenigstens wolltest du doch, ich weiß nicht was für Ge-
heimes,
Sagtest du, reden mit mir.« – »Ich erinnre mich. Aber die
Zeit muß
Schicklicher sein zu Gespräch; ein Neumonds-Sabbath ist
heut! Was?

70Beutst du beschnittenen Juden den Hohnfurz?« – »Mir ist
fürwahr nicht,«
Sprach ich, »so zart das Gewissen.« – »Doch mir! Ich habe
die Schwachheit,
Einer der Meng'! Um Verzeihung! Ein andermal!« – Daß
mir so schwarz doch
Heute die Sonn' aufging! Er entflieht, der Verruchte! und
läßt mich
Unter dem Messer zurück. Durch Zufall jetzo begegnet

75Unserem Mann sein Kläger: »Wohin, du Schändlicher?«
ruft er
Mit lauttönender Stimm', und »Willst du mir zeugen?« – O
gern ihm
Biet' ich das Ohr. Er schleppt vor Gericht. Bald schreiender
Hader,

Ringsumher Auflauf, so ward mein Retter Apollo.

10. Über Lucilius.

[Wie voll Makel du seist, Lucilius, zeuge mir Cato,
Dein Verteidiger selbst, sieghaft, der mancherlei Unvers'
Auszumakeln beginnt. Desto zartsinniger thut er's,
Je mehr tüchtiger Mann er ist, weit feiner, denn er da,

5 Der gar sehr als Knabe mit Strick und gefeuchteten Riemen
Ward erfleht, daß wäre, wer Hilf den Dichtern der Vorzeit
Leisten könnt' und Schutz vor unseres Gaumes Beeklung,
Als der grammatischen Ritter gelehrtester. – Wieder auf
jenes!][1]

Wohl, daß stolpernden Fußes der Vers des Lucilius hum-
pelt,

10 Hab' ich gesagt. Wer ist des Lucilius Gönner, so thöricht,
Dies nicht einzugestehn? Doch zugleich, daß jener mit
scharfem
Salze die Römer gebeizt, des lobt dasselbige Blatt ihn.
Damit sei ihm indes nicht geschenkt auch das Übrige; denn
so
Müßt' ich für schöne Gedicht' auch Laberius Mimen be-
wundern.

15 Nicht ist also genug, mit Lachen ausdehnen die Mäuler
Horchendem Volk; doch gehört dazu auch gewisse Natur-
kraft.
Kürze bedarf's, daß rasch der Gedank' hinlauf' unbelästigt
Von unnützem Gepäcke das Ohr abmüdender Worte.
Nüchterner Sprache bedarf's, die den Ernst bald, öfter den
Scherz liebt,

20 Bald sich erhebt zu dem Tone des Rhetors und des Poeten,
Ob auch des städtischen Manns, der mäßigen eigene Kraft
und
Abzuschwächen versteht mit Vorsatz. Lachender Aus-
spruch,

---

[1] Die ersten acht Verse sind ohne Zweifel unecht, wie schon Landino erkannte.

Mehr denn der schneidende, trennt selbst größere Dinge
mit Nachdruck.

Hierin zeigten die Dichter der alten Komödie mannhaft

25 Ihre Gewalt, hierin nachahmungswürdig. die niemals
Auch nur gelesen der schöne Hermogenes, oder das Äff-
lein,
Welches den Calvus allein abtrillerte und den Catullus.
»Aber wie groß sein Verdienst, da er Griechisch unter La-
teinisch
Mengete!« – Ihr in der Kunst Nachreifende, denen für
schwierig

30 Und für wunderbar gilt, was Pitholeon selber aus Rhodus
Leistete! »Aber die Red', aus beiderlei Sprache gefügt, ist
Reizender, wie wenn zu Chier gemischt wird edler Faler-
ner!« –
Nur wann Verse du machst? ich frage dich; oder sodann
auch
Wann du verteidigen mußt des Petillius schwierigen
Rechtsfall?

35 Siehe, vergessen dir soll des lateinischen Landes und Va-
ters
Pedius, oder Corvinus Publicola, wann sie mit Arbeit
Ringen für Recht und lieber den heimischen Worten des
Auslands
Laut' einmischen nach Art des canusischen Doppelgeplau-
ders?
Als ich im Griechischen einst, ein Geborener diesseit des
Meeres,

40 Verselchen schrieb, da verbot es mit solcherlei Rede Quiri-
nus,
Der nach Mitte der Nacht mir erschien, wann Träume ge-
wiß sind:
»Nicht in Waldungen trügest du Holz unsinniger, als wenn
Griechischer Chör' Unzahl noch mehr anschwellen du
wolltest.«
Während Alpin hochschwülstig den Memnon würgt und

des Rhenus

45 Lehmiges Haupt mißbildet, so scherz' ich solches, was
weder
Soll im Tempel ertönen dem kampfurteilenden Tarpa,
Noch was wieder und wieder sich stelle zur Schau den
Theatern.

Feinere Buhlerinlist, und wie Davus schalkhaft dem Grau-
bart
Chremes entschlüpft, das weißt du mit schwatzender Lau-
ne zu schildern,

50 Du, vor den Lebenden einzig, Fundanius. Pollio singet
Könige, stolz herschreitend im Trimeter. Epische Kraft
lenkt
Varius, wie sonst keiner beherzt. Einschmeichelnde Anmut
Gaben dem sanften Vergil der Ländlichkeit frohe Camen-
en.
Das, was gewagt unglücklich der atacinische Varro,

55 Und noch einige mehr, das war's, was ich besser vielleicht
schrieb,
Kleiner an Rang dem Erfinder: denn nicht ihm möcht' ich
entreißen
Jenen mit Ruhm und Ehre dem Haupt anhaftenden Lor-
beer.
Aber ich habe gesagt, er führ' im schlammigen Sturz oft
Mehreres zum Ausheben, denn zum Dalassen. Wohlan
denn,

60 Hast du am großen Homer nicht, Kundiger, manches zu
tadeln?
Wünscht denn an Attius nichts der milde Lucilius anders?
Lacht er des Ennius nicht, wo ein Vers unfeierlich schlot-
tert?
Steht nicht, redend von sich, er selbst den Getadelten hö-
her?
Was denn wehret auch uns, wenn Lucilius Schriften wir
lesen,

65 Nachzuspähn, ob sein', ob des Stoffs unsanfte Natur ihm
Verse zu bilden versagt von besserem Schlag', und die leichter
Schwebeten, als wenn einer, in sechs Füß' etwas zu drängen,
Des schon völlig vergnügt, mit Behaglichkeit schriebe zweihundert
Verselchen, eh' er gespeist, und so viel nach Tisch: wie, dem Sturzbach

70 Ähnlich an raschem Erguß, einst Cassius Geist des Etruskers,
Strudelte, der, wie man sagt, bei den Kästlein eigener Bücher
Halb auflodert' in Brand. Sein mag Lucilius, sag' ich,
Heiter und städtisch an Witz, sein mag er geglätteter etwas,
Als der zuerst roh schuf ein Gedicht ungriechischer Herkunft,

75 Und als jenes Gewühl hochaltriger Barden: indessen,
Wenn in unsere Tage versetzt ihn hätte das Schicksal,
Würd' er sich viel abreiben und wegmähn alle den Auswuchs,
Der am Vollendeten hängt, und in sorgsamer Bildung des Verses
Würd' er das Haupt oft kratzen, ja wund sich beißen die Finger.

80 Oftmals wende den Griffel, wenn würdiges häufiger Lesung
Schreiben du willst. Nicht, daß dich die Meng' anstaune, bewirb dich,
Wohlvergnügt, zu gefallen den wenigen. Wünschtest du albern,
Daß man in dumpfiger Schul' einpredigte deine Gedichte?
Ich nie! Mir ist genug, daß der Ritter mir klatsche! wie herzhaft

85 Gegen das zischende Volk Arbuscula rief mit Verachtung.

Was? mich kränkte die Wanze Pantilius? oder daß hämisch
Mich Abwesenden zauset Demetrius? daß mich der schale
Fannius, Tafelgenoß des Tigell-Hermogenes, anzwackt?
Plotius, Varius auch, Vergilius auch und Mäcenas,

90 Valgius billige dies, mein edler Octavius auch und
Fuscus; und o, daß beide die Viscus läsen mit Beifall!
Dich auch nenn' ich getrost, unbethört von dünkelnder
Ehrsucht,
Pollio, dich, Messala, mit deinem Bruder; zugleich dich,
Bibulus, Servius dich, und lauterer Furnius, dich auch;

95 Und viel andere noch, wohlkundige Richter und Freunde,
Die mit Bedacht ich umgehe. Daß die mir, was ich auch
bringe,
Lächelnd empfahn, das möcht' ich, und grämte mich, fänd'
es ja minder
Beifall, als ich gehofft. Demetrius, und o Tigell, ihr
Mögt in gefesselter Schule Geheul anstimmen den Weib-
lein.

100Hurtig, o Knab', und schreibe mir dies noch unter das
Blättlein.

Zweites Buch.

1. Guter Rat und Erwiderung.

Horaz.

Einigen dünk' ich zu scharf im satirischen Lied' und gesetzlos
Über die Schranken zu gehn; für entnervt gilt anderen alles,
Was ich zusammengefügt; denn, sagen sie, solcherlei Verse
Könne man tausend am Tage zur Not abspinnen. Wie halt'
ich's?

5 Gieb mir, Trebatius, Rat.

Trebatius.

Sei ruhig.

Horaz.

Mache du, heißt das,
Gar nicht Verse hinfort.

Trebatius.

Jawohl.

Horaz.

Zeus strafe mich! das wohl
War' am besten gethan; nur kann ich nicht schlafen.

Trebatius.

O dreimal
Schwimme gesalbt durch den Tibris, wer festeren Schlafes
begehret;
Wohl auch spül' er vor Nacht sich mit kräftigem Weine: ver-
ordn' ich.

10Oder wofern dich so übel die Schreibsucht ängstiget, wag' es,
Cäsars Sieg' und Trophän zu verherrlichen, sicher der Arbeit
Würdigen Lohn zu empfahn.

Horaz.

Sehr gern, lieb' Väterchen, doch mir
Fehlet die Kraft. Nicht jeder vermag Roms lanzenumstarrte
Ordnungen noch an zerbrochnem Geschoß hinblutende Gal-
ler,

15Noch, wie vom Roß absinkt der verwundete Parther, zu
schildern.

Trebatius.

Doch den Gerechten besingen und Rüstigen könntest du,
gleichwie
Scipios Sohn der weise Lucilius.

Horaz.

Nicht mir entstehen
Werd' ich, sobald es sich fügt. Zu gelegener Stunde nur findet
Flaccus Wort Eingang zum horchenden Ohre des Cäsar.

20Streichelt ihn einer verkehrt, aus schläget er, ringsum unnah-
bar.

Trebatius.

Wie weit rechtlicher das, denn im mürrischen Verse zu krän-
ken
Pantolab den Schmarotzer und Nomentanus den Wüstling!
Ist um sich selbst jedweder besorgt, ungetroffen auch haßt er.

Horaz.

Was denn thun? Auf tanzet Milonius, so wie ein Räuschchen

25Hitziger treibt zum Haupte das Blut und die Lichter verdoppelt.

Kastor freut sich der Ross', und der Zwillingsbruder des Dotters

Freut sich der Faust. Wie der Köpfe, so giebt's vielfältiger Sinne

Tausende. Mir nun behagt's, mit dem Fuß abmessen die Worte

Nach des Lucilius Weise, der mehr, denn wir beid', an Geburt war.

30Jener pflegt', wie dem treusten Verbündeten, jedes Geheimnis
Anzuvertraun dem Papier. Nicht wenn Unglück etwa genaht war,
Eilt' er anderswohin, noch wenn Glück auch. Drum ist des Vaters
Gänzliches Leben genau, gleichsam auf geweihetem Täflein,
Ausgemalt. Ihm folg' ich, ob Appuler oder Lucaner;

35Denn um Venusium pflügt an beiderlei Grenze der Insaß,
Dazu verpflanzt, nach Vertreibung (die Sag' ist alt) der Sabeller,
Daß kein Feind durch die Öd' einstürmt' in die römische Landmark,
Möchte das Appulervolk, und möcht' aus Lucania Heermacht
Wild anschwärmen mit Krieg. Doch soll mein Griffel von selbst nie

40Einem der Atmenden drohn und nur zum Schutze mich waffnen,
Gleichwie ein Schwert in der Scheide. Warum doch wollt' ich es ausziehn,
Wenn kein mördrischer Räuber mich anfällt? Vater und König
Jupiter, daß doch verderbe von Rost die geborgene Klinge,
Und nur keiner mir schade, dem so Friedliebenden! Aber

45Wer mich zuerst anrührt, (Bleib lieber davon! ist die Warnung:)
Weinen wird er und der Stadt ringsum in Gesängen bekannt

sein.

Cervius drohet im Zorn mit Gesetz und Urne des Prätors;
Dort Canidia droht, wem sie grollt, mit Albutius Säftlein;
Turius droht Unheil, falls seinem Gericht du was vorbringst.

50 Wie mit der Kraft, wo jeder sich fühlt, er Verdächtige schre-
cke,
Und wie mit Zwang die Natur das fordere, schließe mir also:
Zahn ist dem Wolf, Horn Waffe dem Stier: woher, denn aus
innerm
Anreiz? Laß nur die zäh fortlebende Mutter dem Wüstling
Scäva; ihr thut nichts Leides die kindliche Rechte! Dich wun-
dert's?

55 Wie mit dem Huf nicht schadet der Wolf, mit dem Zahne der
Stier nicht!
Nein, frei schafft ihn der Grauen gewürzeter Honig mit
Schierling.
Um nicht lang es zu machen, ob mich ein ruhiges Alter
Sanft aufnimmt, ob der Tod mit dunkelen Schwingen um-
schwebet,
Reich, hilflos, ob in Rom, ob (will's mein Los) in Verbannung,

60 Wie auch gefärbt sei das Leben, ich schreib'!

Trebatius.

O Knabe, mich dau-
ert
Deiner Jugend! Wie leicht giebt einer der mächtigen Freunde
Dir durch Kälte den Stoß!

Horaz.

Wie? als Lucilius auftrat,
Um nach diesem Gebrauche zu fertigen strafende Lieder,
Und zu entreißen die Larve, womit man gleißend im Antlitz

65 Wandelte, häßlich darunter; hat Lälius etwa, und jener,
Der den Namen mit Ruhm vom gebändigten Afrika heim-

trug,
Je sich gestoßen am Witz und beklagt den gekränkten Metel-
lus
Oder den Lupus, den wund der Satiriker geißelte? Dennoch
Züchtigt' er Volksobwalter sowohl, wie die Zünfte des Vol-
kes,

70 Siehe, der Tugend allein fügsam und deren Genossen.
Ja nachdem von des Staats Schaubühn' in die Stille zurück-
wich
Scipios geistige Kraft und des freundlichen Lälius Weisheit,
Pflegten sie Tand zu treiben mit ihm und zu spielen im Haus-
rock,
Bis gar kochte der Kohl. Was *ich* nun bin, und wie sehr auch

75 Unter Lucilius Stand und Naturanlage, so wird doch,
Daß ich mit Großen gelebt, mir stets einräumen, auch ungern,
Selber der Neid; und indem er Zerbrechliches sucht zu zer-
knacken,
Müht wohl Hartes den Zahn; wo, gelehrter Trebatius, du
nicht
Anders denkst.

Trebatius.

Ich weiß nichts anderes hier zu erklügeln.

80 Dennoch sei, mir gewarnt, auf der Hut, daß nicht in Verdruß
dich
Und Weitläufigkeit führe die Unkund' heiliger Tafeln:
*»Wenn wer böse Gedicht' auf jemand fertigte, dem sei
Recht und Gericht!«*

Horaz.

Ja, böse! doch wenn wer gute Gedichte
Fertigte, nicht ungelobt vom richtenden Cäsar, und wenn wer

85 Einen, der Schande verdient, anbellete, selber unsträflich?

Trebatius.

Dann löst lachender Mut das Gesetz; frei wandelst du heim-
wärts.

2. Lob anständiger Mäßigkeit.

Welch' und wie groß sei die Tugend, mit wenigem leben, ihr
Wackern:
(Nicht ist mein das Gespräch, nein, was mir geraten Ofellus,
Bäuerlich, unschulmäßig gescheit, mit derbem Naturwitz:)
Solches vernehmt, nicht unter dem Prunk der beschüsselten
Tafel,

5 Wann unsinnigen Glanz anstarrt das geblendete Aug' und
Wann, auf Falsches geneigt, sich der Geist des Besseren wei-
gert;
Nein, vor dem Mahl hier laßt uns spähn miteinander. »Wa-
rum das?«
Sagen will *ich's*, wenn ich kann. Schlecht taugt zu erforschen
die Wahrheit
Jeder befangene Richter.
Wann lang' ein verfolgeter Hase,

10 Oder ein störrisches Pferd dich ermüdete, oder (wofern dich
Römische Zucht abmattet, den Griechelnden) wann dich der
Springball,
Der mit versüßendem Eifer die Bitterkeit täuschet der Arbeit,
Oder die Scheib' umtrieb; (in die weichende Luft sie geschnel-
let!)
Wann du den Ekel herausarbeitetest: trocken und leibleer,

15 Dann verschmäh Hauskost! dann nichts, denn hymettischen
Honig
Trink' in Falerner zerflößt! Auswärts ist der Schaffner, und
dunkel
Woget zum Schutz den Fischen der Meerschwall; Salz auf
dem Brot wird
Schon dir den knurrenden Magen befriedigen. Wie und woher
wohl
Käme doch das? Nicht ist im köstlichen Brodem die höchste

20 Wollust, nein in dir selbst. Verschaffe du leckere Zukost
Dir durch Schweiß. Wer gedunsen in Trägheit bleichte, den
labt nicht

Auster und nicht Meerbrassen und kein ausländisches
Schneehuhn.
Dennoch gewinn' ich es kaum, wenn ein Pfau dastehet, daß
nicht weit
Lieber mit dem, als dem Huhne, den Gaum dich verlange zu
kitzeln:

25 So hat nichtiger Schein dich bethört, denn der seltene Vogel
Kostet ja Gold und entfaltet des Schweifs schauprangenden
Spiegel.
Als ob das zur Sache gehörete! Schmausest du etwa,
Was du lobst, das Gefieder? und bleibt dem gekochten sein
Ansehn?
Doch ist besser das Fleisch um gar nichts, dieses denn jenes;

30 Nur ungleiche Gestalt verleitet dich, sehen wir. Sei's doch!
Aber wie schmeckst du heraus, ob ein Tiberishecht, ob ein
Meerhecht
Dort angähnt? ob er reiner sich tummelte zwischen den Brü-
cken
Ob an der Mündung des Stroms? Du lobst unsinnig den Rot-
bart,
Drei Pfund schwer, den du dennoch für einzelne Näscher
zerhaun mußt.

35 Dich lockt, seh' ich, die große Gestalt. Nun, sage, warum sind
Dir großleibige Hechte verhaßt? Weil diesen, versteht sich,
Größeres Maß die Natur, den anderen kleines Gewicht gab.
Widerlich deucht das Gemeine dem kaum einst nüchternen
Magen,
Wonne zu schaun, wie er groß in großer Schüssel sich aus-
dehnt!

40 Ruft der gefräßige Schlund, wie Harpyi'n heißhungerig. Daß
doch
Käme der Süd und die Speise der Leckeren kochte! Wiewohl
schon
Frisch anstinkt Waldeber und Meerbutt' einen von Unlust
Krankhaft walgenden Magen, der voll nach sauergebeiztem
Alant oder Radieschen sich sehnt. Doch ward nicht die Armut

45 Ganz von den fürstlichen Schmäusen verjagt; unachtbaren
Eiern
Gönnt man und dunklen Oliven den Platz noch. Neulicher
Tag' erst
Wurde des Stadtheroldes Gallonius Tafel berüchtigt
Durch den Stör. Was? nährte denn weniger Butten die Salz-
flut?
Sicher war im Meere die Butt' und sicher das Storchnest,

50 Bis ein prätorischer Schmecker die Zung' erst feinerte. Wahr-
lich,
Wenn ein Prätor verfügt, wohl schmeck' ein gebratener Tau-
cher,
Folgsam allem Verkehrten, gehorcht die römische Jugend.

Filziges Mahl ist verschieden vom mäßigen nach des Ofellus
Richtendem Spruch. Denn umsonst entfliehst du dem vorigen
Laster,

55 Wenn du verkehrt hinneigst zu dem anderen. Avidienus,
Welchem mit Recht anhaftet der schmutzige Name des Hun-
des,
Frißt fünfjährige Beeren des Öls und wilde Kornellen,
Ehe der Wein umschlägt, haushälterisch spart er des Fasses;
Ja, mit ranzigem Öl unerträglichen Duftes (und lass' ihn

60 Feiern die Nachhochzeit, den Geburtstag, welcherlei Fest
auch,
Stattlich im weißen Gewande) beträufelt er selbst den Salat
euch
Aus zweipfündigem Horn, nicht karg des verlegenen Essigs.

Welch ein Leben denn ziemt dem Verständigen? welchem von
beiden
Ahmet er nach? Dort drohet der Wolf, nach der Sage, der
Hund dort.

65 Reinlichkeit üb' er so weit, daß entfernt anstößiger Schmutz
sei,
Weder in Zier ausschweifend, noch Unzier. Nie wird er her-
risch,

Gleich dem alten Albuz, bei der Dienst' Aufgabe die Knechte
Züchtigen, aber auch nicht, arglos, wie Nävius, fettig
Wasser am Tisch darreichen; auch das ist leidiger Unschick.

70 Lerne nunmehr, wie vieles und heilsames bringe die Haus-
kost.
Erstlich bleibst du gesund. Denn wie sehr vielfaches Ge-
mengsel
Schade dem menschlichen Leib, das glaubest du, denkend,
wie wohl dir
Immer bekam einfacher Genuß. Doch sobald du Gekochtes
Unter Gebratenes mengst, und Schaltier' unter Geflügel,

75 Dann aus dem Leckeren zeuget sich Gall', und inneren Auf-
ruhr
Brütet der zähere Schleim. O siehe, wie blaß sich ein jeder
Hebt vom verwirrenden Speisengewühl! Ja der Leib, den be-
lastet
Gestriger Schuld Unmaß, drückt selber den Geist mit herun-
ter,
Niedrigem Staub' ankettend den Hauch der beseelenden
Gottheit.

80 Jener, nachdem die im Winke gelabeten Glieder zu sanftem
Schlaf er gedehnt, springt munter empor zu den Pflichten des
Lebens.
Dennoch kann er einmal zum Besseren auch sich versteigen,
Ob ein festlicher Tag in des Jahrs Umlaufe daherkam,
Ob er wünscht zu stärken den Leib nach erschöpfender Ar-
beit,

85 Oder die Jahr' annahen, und sanftere Pflege des Alters
Kommende Schwäche verlangt. Du dort, was willst du zu
jener
Weichlichkeit dann noch fügen, die jung und stark du vo-
rausnimmst,
Wann dich befällt Siechtum und des wankenden Greises Ent-
kräftung?

Muffiges Schwarzwild lobte der Vorfahr: nicht weil die Nas'
ihm

90 Etwa gebrach; nein, glaub' ich, nur deshalb, weil ja der Gast-
freund,
Wann er zu spät einkehrt, Anbrüchiges besser vorlieb nimmt,
Als daß frisch es der Herr aufschmausete. Wär' ich mit jenem
Biedervolk der Heroen entkeimt dem Gefilde der Urwelt!

Liegt dir am ehrbaren Ruf, der lieblicher als ein Gesangton

95 Schmeichelt dem menschlichen Ohr? Die mächtigen Butten
und Schüsseln
Bringen dir mächtige Schande zugleich mit Schaden. Dazu
noch
Dein unwilliger Ohm, und die Nachbarn, selber du feind dir,
Und umsonst herwünschend den Tod, wenn dem Armen der
Dreier
Fehlt, zu erkaufen den Strick. »Ganz recht wird Trausius,«
sagst du,

100 »Also mit Worten gestraft: Ich hab' Einkünfte ja reichlich,
Und unermeßliche Güter, genug drei Königen!« – Nun denn,
Hast du zu viel; ist nichts, worauf du es besser verwendest?
Warum darbt unverdient jemand, du Reicher da? Warum
Sinken verjährt die Tempel der Ewigen? Warum so lieblos

105 Gönnst du der Heimat nicht vom unendlichen Haufen ein
wenig?
Dir ja wahrlich allein, dir wird's wohl gehen auf immer!
Ha, du lautes Gelächter dem Feind' einst! Wer denn von bei-
den
Darf bei wankendem Glücke sich selbst herzhafter vertraun?
Er,
Der an mehreres üppig so Leib als Seele verwöhnt hat?

110 Oder vielmehr, wer, mit Kleinem vergnügt, vorsorgend der
Zukunft,
Schon im Frieden, ein Kluger, was not zum Kriege, bereitet? –

Daß du es gläubiger hörst: als Knab' hab' ich diesen Ofellus
Wohl gekannt, der im vollen Besitz nicht üppiger lebte,
Als im geschmälerten nun. Da seht auf vermessenem Gütlein

115Ihn mit Söhnen und Vieh, den tapfer bestellenden Mietling;
»Niemals hab' ich so leicht,« erzählet er, »außer am Festtag
Etwas gegessen denn Kohl und ein Stück des geräucherten
Schinkens.
Aber besuchte mich einst ein lang' ungesehener Gastfreund,
Oder im müßigen Regen, zum Tisch willkommen, ein Nach-
bar,
120Dann ging's hoch: nicht Fische, geholt aus der Stadt, nur ein
Böcklein
Schmausten wir oder ein Huhn. Dann kam zum prächtigen
Nachtisch
Stattlich die hangende Traube, die Nuß und die doppelte
Feige.
Dann kam lustiges Spiel, wo der Fehl war König des Trunkes.
Sprengten wir jetzo der Ceres, daß so fortwüchse der Frucht-
halm,
125Aufgeklärt war im Wein der gerunzelten Stirne Bewölkung.
Tobe mit neuem Tumulte daher Fortuna! Wie viel wohl
Kann sie entheben von hier? Um wie viel weniger sind wir
Glatt, ihr Bursch', im Gesicht, seit kam der neue Bewohner.
Denn nicht gab ja Besitz die Natur und eigenen Boden,
130Ihm so wenig, wie mir, noch sonst wem. Jener vertrieb uns;
Ihn wird, wo Lockerheit nicht, doch Unkund' spitzigen Rech-
tes,
Oder gewiß austreiben ein frisch nachlebender Erbe.
Jetzo heißt nach Umbrenus das Gütlein, jüngst nach Ofellus,
Eigen indes wird's keinem; nur Nießbrauch bietet es bald mir,
135Bald dem anderen dar. Wohlan denn, tapfer gelebt mir,
Und mit tapferer Brust andringendem Übel begegnet!«

3. Die Stoiker.

Damasippus.

Sparsam schreibst du so sehr, daß im Jahrumlaufe nicht viermal
Pergament du verlangst, da du stets dein Geschriebenes tilgest,
Zornig dir selbst, weil, schwelgend in Wein und Schlummer, du gar nichts
Singst, was Rede verdient. Wie endet das? Doch an den ruchbarn

5 Saturnalien flohst du hierher. Jetzo denn nüchtern
Schaffe, was würdig sei der Verheißungen! Dran nur! Es hilft nichts.
Unrecht schmähst du die Feder, es büßt unschuldig die arme
Wand, die im Zorn aufwuchs der Unsterblichen und der Poeten.
Doch war ganz die Gebärd', als viel und herrliches drohend,

10 Wenn dich das Hüttchen entspannt aufnähm' in das lauliche Obdach.
Sprich, für welcherlei Zweck ward Platon gepackt zu Menandros?
Was sollt' Eupolis dir im Geleit, und Archilochos? Wie nun?
Hast du, den Neid zu versöhnen, im Sinn, durch verleugnete Tugend?
Armer, dir folgt Mißachtung! Entreiß dich der bösen Sirene

15 Trägheit; oder das alles, was besserer Wandel dir eintrug,
Sei zu verlieren gefaßt!

Horaz.

Der Götter und Göttinnen Lohn sei

Dir für den redlichen Rat ein Barbier, Damasippus, woher
denn
Kennst du mich so genau?

Damasippus.

Seitdem mein Gut an dem mitt-
lern
Janus mir alles gestrandet, besorg' ich fremde Geschäfte,

20 Eigenen völlig entrückt. Denn vormals sucht' ich begierig,
Was für Erz wohl gedient zu des listigen Sisyphus Fuß-
bad,
Wo mißlungen der Schnitt, wo hart und spröde der Guß
sei;
Kennerisch setzt' ich dem Bilde die Tausende seiner
Sesterzen;
Gärten und stattliche Häuser mir anzukaufen mit Vorteil,

25 Das verstand ich allein; daher den Mercuriustitel
Mir das Gewühl beilegt' auf der Steigerung Plätzen.

Horaz.

Ich weiß es;
Und wie genesen du seist der Krankheit, wundert mich.

Damasippus.

Nun
denn,
Aus ward die alte gejagt von der neueren, wie es zu gehn
pflegt,
Wenn auf die Brust aus der Seite sich warf und dem
Haupte das Übel,

30 Wie, wer in Schlafsucht lag, an dem Arzt ausübet die
Fechtkunst.

Horaz.

Nur nichts ähnliches mir; sonst was dir beliebt.

Damasippus.

O du Guter,
Täusche dich nicht: Unklug bist auch du, toll alle beinah
wir,
Wenn ja Stertinius wahr uns prediget: wo ich gelehrig
So ausbündige Lehr' aufzeichnete, als er einmal mich

35 Stärkend mit Trost anmahnte, den Weisheitsbart zu erzie-
len,
Und von Fabricius Brücke zu gehn unbeängstiget heim-
wärts.
Denn da verflogen das Gut, und verhülleten Haupts in
den Fluß mich
Stürzen ich wollt', erschien er zum Heile mir: Hüte dich,
sprach er,
Dein unwürdig zu thun; falsch nenn' ich die Scham, die
dich ängstigt,

40 Daß du im Schwarm Unkluger dich scheust zu gelten für
unklug.
Erst sei erkundiget: Was ist Tollsinn? Wenn dir allein dies
Zukommt, soll kein Wort am tapferen Tode dich hindern.
Wen sein thörichter Wahn und wen Unkunde der Wahr-
heit
Blind umtreibt, den schätzt des Chrysippus Schul' und
Genossen

45 Unklug. Schau, wie das Volk, wie die Großen der Welt
die Erklärung,
Ausgenommen den Weisen, umfaßt. Nun höre, warum
sie
Alle verrückt vollkommen wie du sind, welche das Bei-
wort
Unklug dir anheften. So wie, wenn in Waldungen rings-
um
Schweifende Männer die Irr' ablenkt vom sicheren Berg-
pfad,

50 Dieser sodann links geht, der rechtshin, aber ein gleicher
Irrtum beide verlockt, nur in anderen Richtungen, ganz
so
Achte dich selbst unklug, daß um nichts verständiger
jener,
Der dich verlacht, auch schleppet den Schwanz. Von be-
sonderer Gattung
Ist der Thor, der sich fürchtet, wo nichts ihm droht, daß er
Feuer,

55 Felsengeklüft und Ström' auf ebenem Felde zu sehn klagt.
Ganz abweichender Art, doch um nichts verständiger, ist
der,
Welcher durch Glut und Ströme dahinstürzt. Rufe die
teure
Mutter, die edele Schwester, die Sippschaft, Vater und
Gattin:
»Dort ist ein großer Kanal! Gieb acht! Ein gewaltiger Fels
dort!«

60 Nicht mehr hört er darauf, als Fufius, wann er berauscht
einst
Schläft in Iliones Roll', ob tausend und mehr Caliene:
»Mutter, ich rufe dich an!« ihm zuschrein. Solcher Verrü-
ckung
Ähnliches rase das Volk in jeglichem Stande, beweis' ich.
Rasend erscheint Damasippus im Ankauf alter Gebilde.

65 Ist unverletzt im Gehirn Damasippus Gläubiger? Gut
denn!
Nimm in Empfang, nie wieder verlang' ich es: sag' ich dir
also;
Bist du etwa verrückt, wenn du annimmst? oder vielmehr
dumm,
Falls du die Beut' ablehnest, die hold Mercurius darbeut?
Zehnmal sei er verschrieben dem Nerius, hundertmal
jenem

70 Knotenstricker Cicuta, ja tausend Verkettungen schmied'
ihm;

Dennoch entschlüpft der Verruchte den sämtlichen Banden, ein Proteus
Wann du ihn schleppst vor Gericht, wie mit grinsenden Backen er lächelt;
Schnell wird er Eber und Stein und Baum nach Belieben und Vogel.
Halten wir gut wirtschaften für klug, schlecht aber für unklug,

75 Weit unrichtiger steht es im Kopf des Perillius wahrlich,
Welcher dem Buch einträgt, was dir wohl schwerlich er abschreibt.

Ihr auch vernehmt, euch stellend mit wohlgefalteter Toga,
Jeglicher, wen blaß färbte der Ehrgeiz oder die Geldsucht;
Jeglicher, wem Wollust, wem trüb' andächtiger Irrwahn,

80 Oder ein anderes Fieber das Herz kocht: näher heran mir,
Daß ich beweis', unsinnig seid all' ihr, kommt nach der Ordnung.

Geizigen giebt man den Fug des Helleborus reichlichste Gabe,
Wo nicht diesen die Kunst ein ganzes Anticyra zumißt.
Einhaun mußten dem Grabe Staberius Erben die Erbschaft;

85 Thaten sie's nicht, so gebührten, in Kraft der Verhandlung, hundert
Fechterpaare dem Volk, und ein Schmaus, nach Arrius Willkür,
Und an Getreide, was mäht ganz Afrika. »Hab' ich mit Unrecht,
Oder mit Recht es verlangt, nicht sollst du mir spielen den Oheim!«
So wohl blickte voraus des Staberius Klugheit. Allein was

90 Meinet' er, als er befahl, daß der Erbschaft Summe die Erben
Einhaun sollten dem Stein? So lang' er lebte, war Armut
Stets ihm großes Verbrechen, und nichts so eifrig vermied

er;
Daß, wenn weniger reich um den kupfernen Heller er abschied,
Selber er sich ansähe für liederlich. Jegliches Ding ja,

95 Tugend und Ruf und Ehre vor Gott und Menschen ist schönem
Reichtum untergestellt. Wer Reichtum sammelte, der ist
Tapfer, berühmt und gerecht. Auch weis'? Auch! Selber ein König;
Und was er immer verlangt. Drum, als wie der Tugend Erwerbnis,
Hofft' er, würd' es den Ruhm ihm verewigen. Diesem wie ungleich

100 That der Griech' Aristippus, der Gold wegwerfen die Knechte
Hieß im Libyersande, dieweil langsamer sie gingen,
Wegen der Last mutlos! Wer nun ist dümmer von beiden?
Doch kein Beispiel taugt, das mit Streitigem Streitiges auflöst.

Wenn ein Mann sich Lauten erkauft und vereiniget rings-her,

105 Der kein Lautener ist und kein Liebhaber der Tonkunst,
Wenn Schuhahlen und Leisten, wer nicht ist Schuster, wenn Segel,
Wer Meerhandel verwünscht: wahnwitzig fürwahr und vernunftlos
Nennten ihn alle mit Recht. Wodurch von solchen ent-fernt sich,
Wer sein Silber und Gold einschließt, unfähig zu brau-chen,

110 Was er gespart, ja wer ängstlich es kaum wie Geheiligtes anrührt?
Wenn nun einer beständig am mächtigen Haufen Getrei-des
Hingestreckt fortwachte mit langem Knittel und dorther
Hungrig nimmer ein Korn als Eigener wagte zu nehmen,

Nein sich kläglich vielmehr abspeiste mit bitterem Feld-
kraut;

115 Wenn man, lägen von Chier daheim und altem Falerner
Tausend Gefäß', o hinauf! dreihundertmal tausend, des
sauern
Essiges tränke; noch mehr, wenn auf Stroh sich bettet' ein
neunund-
Siebzigjähriger Greis, der Deckgewande mit Stickwerk
Ließe den Schaben und Motten zum Schmaus' in der Kis-
te vermodern:

120 Traun wohl wenigen möcht' er für unklug gelten, darum
weil
Siech sind alle die Menschen beinah an der selbigen
Krankheit.

Daß dein Sohn, ja sogar der Gefreite prasse vom Erbgut,
Sparst du, verruchtester Greis? daß nicht Not leidest du
selber?
Denn wie wenig es sei, den Betrag kürzt jeder der Tage,

125 Wenn du mit besserem Öl den Salat zu netzen beginnest,
Und das zerzausete Haupt voll ekligen Grindes? Warum
denn,
Wenn jedwedes genügt, mißschwörest du, raubest du,
raffst du
Ringsher? Du bei Verstand? Wenn das Volk du zu werfen
mit Steinen
Anfingst, oder den Knecht, den mit eigenem Gelde du
kauftest,

130 Unklug würden gesamt dich ausschrein Knaben und
Mägdlein.
Wann mit dem Strang du das Weib umbringst und mit
Gifte die Mutter;
Bist du im Kopfe gesund? – Nun wieso? Nicht thust du's
in Argos,
Noch mit dem Schwert, wie rasend die Zeugerin mordet
Orestes!
Meinst du, er hab' erst nach der Gebärerin Morde geraset?

135Nicht sei zuvor er geflohn vor den schrecklichen Furien sinnlos,
Eh' im Busen der Mutter ihm lau der spitzige Stahl ward?
Ja, seitdem man vermißte den richtigen Geist des Orestes,
Gar nichts hat er gethan, was du mißbilligen könntest.
Weder den Pylades greift er mit Stahl noch die Schwester Elektra

140Mörderisch an; Schmähworte nur ruft er beiden und nennet
Furie sie, den anders, wie tragische Gall' es ihm eingab.

Jener Opimius, arm bei verschlossenem Silber und Golde,
Der nur Vejentaner am festlichen Tage zu trinken
Pflegt aus campanischem Napf, an Werkeltagen nur Lauer,

145Sank einmal in Betäubung der Schlafsucht, sodaß der Erbe
Schon um Kassen und Schlüssel umher mit seligem Jubel
Hastete. Aber der Arzt, der fertigen Kopfs und getreu war,
Weckt ihn solcher Gestalt. Er heißt herstellen den Tisch und
Beutel darauf ausschütten mit Geld; dann ruft er zum Zählen

150Mehrere; durch das Geräusch erhebt er den Mann und beginnt nun:
Hütest du nicht dein Geld, gleich trägt es der gierige Erb' hin.
»Weil *ich* leb'?« – Um zu leben sei wach, hier gilt es! – »Was soll ich?« –
Bald wird Atem und Puls dir erschöpft sein, wo du des Magens
Flauigkeit nicht brav steifest mit Kost und stärkender Nahrung.

155Zauderst du? Hurtig wohlan! nimm hier die Tisane von Reißbrei.

»Sage, wie teu'r?« – Wohlfeil – »Nun wie teu'r?« – Acht
Pfennige. – »Weh mir!
Was denn verschlägt's, ob Krankheit, ob Raub mich tötet
und Plündrung?«
Wer nun ist bei Vernunft? – Wer Thor nicht ist. – Und der
Geizhals? –
Thor und ohne Vernunft? – Doch falls man nicht ein
Geizhals,

160Hat man Vernunft? – Noch nicht. – Und warum nicht,
Stoiker? – Hör' jetzt!
Nicht ist der Kranke beengt, (Nimm an, daß Kraterus
rede:)
Frei um das Herz. – Wohl also, und darf aufstehen? – O
nein doch!
Weil ihm Seit' und Nieren von stechendem Schmerze
gequält sind.
Nicht ist der meineidig noch knickerig. – Bring' er den
guten

165Laren ein Ferkel zum Dank. – Jedoch ehrsüchtig und
tollkühn. –
Auf, nach Anticyra stracks! Denn was machet es, ob in
den Abgrund
Alles du wirfst, was du hast, ob nie des Erworbnen ge-
nießest?

Einst in Canusium teilt' Oppidius Servius, reich nach
Altertümlicher Schätzung, den zwei unerwachsenen Söh-
nen

170Zwei Landhöf' und sterbend, nachdem er ans Bett sie
gerufen,
Redet' er: »Seit ich gesehn, daß du mir Knöchel und Nüs-
se,
Aulus, im lockeren Busen herumträgst, schenkest und
spielest,
Du sie, Tiberius, zählst und ernst aufhebest in Winkeln:
Bin ich besorgt, ihr rennet in zwei Abwege der Tollheit,

175Daß du Nomentanus hinfort wirst, du ein Cicuta.
Drum hört beide mein Flehn bei der Gottheit dieser Pena-
ten!
Du, nicht mindere je, du aber vergrößere niemals,
Was für genug der Vater euch hält, in den Schranken der
Notdurft.
Weiter annoch, daß nie euch Ehrsucht kitzele, sollt ihr

180Schwören den heiligen Eid: wer je von beiden Ädilis
Oder ein Prätor wird, der sei mir verfluchet und ehrlos.
Was? in Lupin' und Kicher und Bohn' ausstreuen dein
Erbgut,
Daß du breit in dem Cirkus einhergehst oder in Erz
prangst,
Rasender, nackt an den Gründen und nackt an den Sum-
men des Vaters?

185Traun, daß lautes Geklatsch, wie vernimmt Agrippa,
vernehmst du,
Willst du listiger Fuchs dem edelen Löwen es nachthun!«

Warum wehrst du des Ajax Beerdigung, Held Agamem-
non? –
»König bin ich!« – Nicht höher verlang' ich Niederer. –
»Recht nur
Forder' ich! Doch scheint einem die That unbillig, so red'
er

190Straflos, was er nur denkt; ihm erlaub' ich's!« – Mächtigs-
ter König,
Schenken die Ewigen dir Heimfahrt nach Eroberung Tro-
jas!
Soll denn fragen und dann dem Bescheid' antworten ver-
gönnt sein?
»Frage!« – Warum liegt Ajax, der würdigste Held nach
Achilles,
Modernd im Staub, der so oft durch Danaerrettung be-
rühmt ward?

195Daß froh Priamus Volk und Priamus schau' unbestattet

Ihn, der manchem der Troer entriß sein väterlich Grab-
mal? –
»Tausend der Schafe ja würgt' er, und daß er den edlen
Ulixes,
Samt Menelaus und mir, hinmetzele, schrie er im Wahn-
sinn!« –
Stellst nun du für die Kalbe die liebliche Tochter in Aulis
200Vor den Altar und bestreuest ihr Haupt, Liebloser, mit
Salzschrot,
Bleibt unverrückt der Verstand? – »Wieso?« – Was that
doch im Wahnsinn
Ajax, der Vieh hinstreckte mit Stahl? Nicht übt' er Gewalt
aus
Gegen das Weib und den Sohn; viel wünschend des
Weh's den Atriden,
Hat er doch weder den Teukrus noch selbst den Ulixes
beschädigt. –

205»Aber damit ich die Flotte vom hemmenden Gegengesta-
de
Lösete, weiht' ich bedachtsam den Ewigen Blut der Ver-
söhnung.« –
Deines, o Rasender du! – »Ja meins, doch ohne zu ra-
sen.« –
Wer nach Erscheinungen hascht, die unwahr sind, in des
Frevels
Wildem Tumulte gewirrt, der heißt ein Zerrütteter, aber

210Ob er aus Thorheit irr', ob aus tobendem Zorne, ver-
schlägt nichts.
Ajax, indem er erschlägt unschuldige Lämmer, ist sinnlos.
Wann mit Bedacht *du* Frevel begehst um eitele Titel,
Zeigst du Vernunft? Rein ist, von dem Fehl aufschwell-
lend, das Herz dir?
Wenn wer trüg' in der Sänfte zur Lust ein zierliches
Lämmlein,

215Ihm, wie der Tochter, Gewand' anschafft' und Zofen und
Goldschmuck,
Rufa sogar und Posilla es nennt', und dem weidlichsten

Eh'mann
Vorbestimmte zur Braut; ihm nähm' einsprechend der
Prätor
All sein Recht und bestellte den klügeren Vetter zum
Vormund.
Was? wer die Tochter anstatt des verstummenden Lam-
mes dahinwürgt,

220Der ist ganz bei Vernunft? Nicht rede so! Drum wo ver-
kehrte
Thorheit, da ist die höchste Verrücktheit; und wer ein
Frevler,
Wird auch ein Rasender sein. Wen anzog gläserne Ruhm-
sucht,
Den umtobt blutlechzend mit donnernder Stimme Bel-
lona.

Laß zu der Üppigkeit nun und Nomentanus uns fortgehn.

225Darthun wird die Vernunft, toll sein auch die thörichten
Prasser.
Jener, sobald er empfangen des Erbguts tausend Talente,
Kündiget an, daß Fischer gesamt, Obsthändler und Vog-
ler,
Balsamkrämer gesamt und der tuskischen Gasse Gesin-
del,
Stopfer, und lustiger Rat, Fleischmärkt', und das ganze
Velabrum,

230Früh in das Haus ihm kommen. Da nun sie gekommen in
Heerschar,
Führt der Kuppler das Wort: »Was mir, was jeglichem
dieser
Heget das Haus, dein acht' es und hol' es dir heute wie
morgen.«
Höre, wie drauf antwortet der menschenfreundliche
Jüngling:
»Du im lucanischen Schnee liegst nachts ein Gestiefelter,
daß *ich*

235Schmause des Schweins; du zerrest mir Fisch' aus der

stürmischen Meerflut.
Ich Unthätiger sollte so viel inhaben? Hinweg! nimm!
Du zehn Hunderte, du gleichviel, du hebe sie dreifach,
Dessen geladene Gattin bei finsterer Nacht mir daher-
rennt.« –

Jener Sohn des Äsopus entnahm aus dem Ohr der Metella

240Eine der köstlichsten Perlen, und schau, zehn hundertmal
Tausend
Schlürft' er, in Essig verdünnt. Wodurch wohl klüger,
denn ob er
Grad' in den reißenden Strom es hinwegwürf' und in den
Abzug?

Quintus Arrius Söhn', ein edles Paar von Gebrüdern,
An Ausschweifungen, Tand und Verkehrtheit Zwillinge
völlig,

245Schmausten um teueren Preis oft Nachtigallen zum Früh-
stück.
Gehn sie für klug, mit Kreide gemerkt? darf's etwa der
Kohl' hier?

Binsene Häuschen erbaun, Lastwägelchen fahren mit
Mäusen,
Spielen gerad' ungrad', auf rohrenem Pferde sich tum-
meln:
Liebt' ein Bärtiger das, als aberwitzig erschien' er.

250Zeigt nunmehr die Vernunft, weit kindischer sei, sich
verlieben,
Und es verschlage da nichts, ob du noch im Sande, wie
vormals
Als Dreijähriger, spielst, ob der grausamen Buhlerin jetzo
Du vorklagest und girrst: ich frage dich, thätest du, was
einst
Polemon that, der Bekehrte? die prunkenden Zeichen der
Krankheit,

255Halstuch, Bind', Armpolster, verließest du? so wie im

Weinrausch,

Sagt man, jener vom Halse geheim abzupfte den Fest-
kranz,

Als die Ermahnung ihn traf aus dem nüchternen Munde
des Lehrers?

Reichst du dem zornigen Kinde zur Sättigung Apfel; es
sträubt sich. –

»Nimm, mein Wieselchen! – Nein!« – Wenn du weghebst,
will es. Wie gleicht ihm

260 Ausgeschlossen ein Jüngling, der wankt, ob gehen, ob
nicht gehn,

Wo er gewiß hinginge, wenn nicht sie gerufen, und haftet
Stets an der leidigen Thür. »Ich nun, da sie selber mich
nötigt,

Hingehn? oder vielmehr mit Entschlossenheit enden den
Kummer?

Sie wies ab, ruft wieder. Gefolgt? Nein, flehte sie knie-
end!«

265 Siehe der Knecht, nicht wenig verständiger: »Herr, wo ein
Ding nicht

Maß hat oder Vernunft, da will's mit Maß und Vernunft
auch

Nimmer gehandhabt sein. In der Lieb' ist das Übel ein-
mal: Krieg.

Friede darauf. Wenn solchem, was gleich abwechselndem
Wetter

Schwankt unstet und nach Laune veränderlich, einer sich
anstrengt

270 Festen Bestand zu verleihn, nichts bringet er weiter her-
aus, als

Wenn unsinnig zu sein nach Maß und Vernunft er sich
mühte.« –

Was? wann etwa du, Kerne picenischen Äpfeln entklau-
bend,

Froh bist, flog an die Deck' ein geschnelleter, bist du bei
dir wohl?

Was? wann kosende Wort' am ältlichen Gaume du lallest,

275Ist, wer Häuschen erbaut, wohl kindischer? Blut zu der
Thorheit
Füge hinzu, und Feuer mit Stahl durchwühle doch, sag'
ich!
Marius, als er die Hellas erstach und herab vom Geklipp
sprang,
War ihm geschlagen der Geist von Unsterblichen? Oder
erkennst du
Frei der Verrückung den Mann und verdammst ihn lieber
des Frevels,

280Nach dem Gebrauch den Dingen verwandte Benennun-
gen leihend?

Jener Gefreiete pflegt' um die Wegkapellen noch nüchtern
Früh mit gewaschenen Händen, der Greis, zu laufen:
»Mich einen,
(Was so Großes denn ist's?) mich einzigen nehmet vom
Tod' aus!
Götter ja können das leicht!« So betet' er: völlig an Ohren,

285Völlig an Augen gesund; das Gehirn nur nennte sein Herr
wohl,
Scheut' er Zank, im Verkauf mit Bedenklichkeit. Solches
Gezücht auch
Zählet Chrysipp in des tollen Menenius fruchtbare Sipp-
schaft.

»Jupiter, der du das Wehe den Krankenden sendest und
abnimmst!«
(Ruft die Mutter des Knaben, der schon fünf Monde das
Lager

290Hütete:) »wenn mein Sohn frei wird vom wechselnden
Fieber,
Soll er am Morgen des Tags, den dir mit Fasten wir feiern,
Nackt in dem Tiberis stehn!« Wenn Zufall oder der Arzt
ihn
Herstellt aus der Gefahr: die alberne Mutter entseelet
Ihn, der am frostigen Ufer erstarrt, und erneuet das Fie-

ber:

295Wirr im Geiste, woher? Aus törichter Furcht vor den Göt-
tern.

So hat Stertinius mir, mein Freund, von den Weisen der
achte,
Waffen geliehn, um hinfort Zudringlichkeit tapfer zu
ahnden.
Wer unsinnigen Kopf mich nennt, der höre dasselb', und
Lern' er sich umsehn, was unbewußt ihm hang' an dem
Rücken!

Horaz.

300Stoiker, nach dem Verlust sei jeder Verkauf dir ein Vor-
teil!
Welcherlei Thorheit, meinst du, (da vielfach deren Ge-
schlecht ist)
Macht wohl mich unsinnig? Mir scheint doch gesund die
Besinnung.

Damasippus.

Was? wenn das blutige Haupt sinnlos herträget Agaue,
Ihres zerrissenen Sohns, hält dann sie sich etwa für ra-
send?

Horaz.

305Thöricht bekenn' ich mich selbst, (man darf bekennen die
Wahrheit)
Auch unsinnig sogar. Nur melde mir dieses, an welchem
Übel du glaubst, daß die Seele mir krank sei.

Damasippus.

Höre denn: erst-
lich

Bauest du, nämlich du spielst langleibige, du von dem untern
Ende zum oberen kaum zweifüßiges Wichtlein; und dennoch

310Lachst du, wenn größer zum Kampf, denn der Wuchs ankündiget, Turbo
Atem und Gang herträgt. Wodurch du lächerlich minder?
Soll ein jegliches Thun des Mäcenas dir auch gerecht sein,
Du so durchaus ungleich, so durchaus zu winzig dem Wettstreit?
Fröschlein, ferne der Mutter. zertrat ein wandelndes Stierkalb;

315Eines entfloh zur Mutter und meldet ihr, wie ein gewaltig
Ungeheuer zermalmet die Brüderchen. Jene befraget:
Kind, wie groß? War's wohl (da sie sich aufblähete) so groß? –
»Größer noch halbmal wohl!« Nun so groß? Als sie noch mehr sich,
Immer noch mehr aufblies: »Nie, Mütterchen, wenn du auch platzest,

320Wirst du ihm gleich!« – Da nimm dir ein nicht unpassendes Gleichnis.
Thu' die Gedichte dazu, das heißt, thu' Öl in das Feuer;
Schrieb jemand mit Vernunft ein Gedicht, schreibst du's mit Vernunft auch;
Nichts von der rasenden Hitze!

Horaz.

Genug schon!

Damasippus.

Nichts von dem Aufwand
Über Vermögen und Rang.

Horaz.

Bei dir selbst, Damasippus, gefe-
get!

Damasippus.

325Und von der wütenden Sucht für rosige Knaben und
Mägdlein!

Horaz.

Endlich, o Größerer du an Verrücktheit, schone des Klei-
nern!

4. Unterricht für Feinschmecker.

Horaz.

Catius, heda, wohin und woher?

Catius.

                Nicht Zeit! Mich verlanget
Aufzuzeichnen die neuen Verordnungen, welchen an Weisheit
Sokrates selbst und Pythagoras weicht und der treffliche
Plato.

Horaz.

Unrecht war's, ich gesteh' es, dir Eilenden also zur Unzeit

5 Quer mit der Frage zu kommen. Ich bitt' um Verzeihung,
mein Bester.
Wenn was nun aus dem Sinn dir entflog. bald fängst du es
wieder,
Ob der Natur das Geschenk, ob der Kunst sei, herrlich in
beidem.

Catius.

Sorgsam dacht' ich darauf, wie alles gesamt ich behielte.
Sind doch die Sachen so fein, und so sein der behandelnde
Vortrag.

Horaz.

10Melde den Namen des Manns und zugleich, ob Römer, ob
Fremdling.

Catius.

Was von der Lehr' ich behielt, sei kund; doch den Lehrer
verschweig' ich.

Eier, die länglich gedehnt an Gestalt sind, solche bedachtsam,
Als von besserem Saft und nahrhaft mehr als die runden,
Aufgetischt; denn männlich mit derberem Schleim ist der
Dotter.

15 Kohl vom trockenen Acker ist mehr als Gemüse des Vor-
werks
Süß an Geschmack. Wie dem Garten die Wässerung alles
doch auswäscht!

Überfällt dich am Abend ein unerwarteter Gastfreund,
Daß nicht zäh die Henne sich mißempfehle dem Gaumen,
Höre den Rat: sie lebend getaucht in Most des Falerners;

20Dies macht zarter das Fleisch. –
                                        Die Schwämm' abhängiger Wie-
sen
Achte für gut; nicht traue den anderen. –
                                        Stets in Gesundheit
Lebt den Sommer hindurch, wer das Mahl mit dunkelen
Maulbeern
Endiget, die er vom Baum vor drückender Sonne sich ablas.

Jener Aufidius mengte zum Honige starken Falerner.

25Grundfalsch! Denn in der Frühe gebührt noch ledigen Adern
Nichts als lindes Getränk: mit lindem Methe die Brust dir
Wohl anfeuchten, bekommt. –
                                        Wenn härterer Leib dich beschwe-
ret,
Schon die gewöhnliche Muschel vertreibt auflösend die
Hemmung,
Auch kurzblättriger Ampfer; doch weißlichen Koer vergiß
nicht.

30 Wachsender Mond macht voller das Haus dem schleimigen
Schaltier;
Doch nicht jegliches Meer ist edeler Gattung ergiebig.

Bajische Stachelschnecken beschämt die lukrinische Muschel;
Mustern nährt um Circeji die Flut, Meerigel Misenum;
Prächtiger sind Strahlmuscheln gewölbt um das weiche Ta-
rentum.

35 Daß in der Gastmahlskunst nicht jeglicher thue, wie Meister,
Eh' er genau eindrang in die feinere Regel des Wohl-
schmacks!
Nicht ist genug, daß Fische von teuerer Bank du hinweg-
raffst,
Einsichtlos – wo Brühe gemäß ist, und was geröstet
Schon ermüdete Gäst' auf stützende Arme zurückruft.

40 Mag ein umbrischer Eber, von Steineichkernen genähret,
Krümmen das Rund der Schüssel, wenn kraftlos Fleisch dir
verhaßt ist,
Denn nicht taugt der Laurenter, von Rohr und Kolben gefeis-
tet.
Weinhöhn liefern der Tafel das Reh nicht allzu genießbar.
Von der befruchteten Häsin verlangt ein Weiser die Schul-
tern.

45 Welches der Fisch' und Vögel Natur sei, welches ihr Alter,
Hat vor dem meinigen nie ein forschender Gaumen eröffnet.

Mancher ersinnt geistreich nur Gebackenes neuer Erfindung.
Keineswegs ist genug, *ein* Ding zu betreiben mit Sorgfalt;
Wie wenn bloß arbeitet der Wirt, daß die Weine nicht arg
sein;

50 Welcherlei Öl er dem Fisch auftröpfele, ganz unbekümmert.

Unter den heiteren Himmel die massischen Weine gestellet!
Dann wird nächtliche Luft, wenn nachblieb Trübendes, läu-
tern,
Und sich verziehn ihr herber Geruch, der die Nerven beläs-
tigt.
Aber der echte Geschmack wird gefälscht durch seigende
Leinwand.

55 Surrentinische Weine, wer die mit falernischem Weinsalz

Schlau vermischt, der gebrauche des Taubeneies zur Klärung:
Nieder wallt zu dem Grunde, das Fremd' hinführend, der
Dotter.

Dem unlustigen Zecher erfrischt die gebratene Krabb' und
Afrikas Schnecke den Mut; denn Lattich schwimmt in dem
Magen,

60Welchen erhitzte der Wein: mit Schinken vielmehr und mit
Preßwurst
Fordert er, derbe gebeizt, sich zu kräftigen; alles behagt
schon,
Was aus der Garküch' ihm unsäuberlich dampfend gebracht
wird.

Wohl ist die Mühe belohnt, zu durchschaun zweifältiger Brü-
he
Eigne Natur. Einfache besteht aus feinerem Baumöl,

65Welches zu klebrigem Wein und Thunfischlake gemischt
wird,
Anderer nicht, denn womit die byzantische Tonne sich an-
dampft.
Wann nun diese gewürzt aufwallt mit zerschnittenen Kräu-
tern,
Und mit korycischem Safran bestreut stand, füge dazu noch
Edeles Fett aus der Beere des venafranischen Ölbaums.

70 Sehr der picenischen weichet an Saft die tiburtische Baum-
frucht,
Zwar an Gestalt vornehm. Die Venuculatraub' ist dem Topf
gut;
Schicklicher wird die Albanerzibeb' im Rauche gewelket.
Solche hab' *ich*, wie die Apfel, und *ich* Fischgare mit Wein-
stein,
Ich der Erfinder zuerst schwarz Salz samt weißlichem Pfeffer,

75Wohl durchsiebt, ringsum in sauberen Näpfchen gestellet.
Ungeheurer Verstoß: drei Tausende schenkst du dem Fisch-
markt,
Daß in den engenden Napf weitschweifende Fische du ein-

zwängst.

Mächtig empört es den Magen zur Unlust, wenn mit gesalb-
ten
Händen der Bursch anfaßte den Kelch, bei verstohlenem
Naschgriff;

80Oder wenn garstiger Schmutz anklebt dem veralteten Misch-
krug.
Dürftige Besen von Reis, Holzschrot und Quehlen, wie wenig
Machen sie doch Aufwand! und fehlen sie, welche Beschimp-
fung!
Was? buntschimmernde Fliesen mit schmutziger Palme ge-
kehret?
Was? ungewaschenes Polstergedeck um tyrischen Purpur?

85Denkest du nicht, je minder Beschäftigung dieses und Auf-
wand
Fordere, desto gerechter verunglimpft werd' es, denn jenes,
Was nur Reichen allein zukommt für die leckere Tafel?

Horaz.

Catius, o wie gelehrt! Bei den Himmlischen und bei der
Freundschaft,
Führe mich, wo er auch weilt, ich flehe dir, selbst ihn zu hö-
ren!

90Denn wie genau du mir alles erteilst aus treuem Gedächtnis;
Dennoch erbauest du mich als Dolmetsch weniger. Nimm
noch
Mien' und Gebärde des Manns, den anzuschaun mit Entzü-
ckung,
Du, dem es ward, kaum achtest, o Seliger; aber es drängt
mich
Ganz unmäßiger Eifer, zu nahn den entlegenen Quellen,

95Daß ich schöpfe mit Gier die Verordnungen seligen Lebens.

5. Die Erbschleicherei.

(Gespräch in der Unterwelt.)

Ulixes.

Dies, o Tiresias, auch zu den anderen Meldungen, bitt' ich,
Thue mir kund: wie doch, das verlorene Gut zu ersetzen,
Mittel und Wege ich finde. Was lachst du?

Tiresias.

                                 Schlauer, genügt's
nicht,
Heim nach Ithakas Fluren zu gehn und der Väter Penaten
5 Wiederzuschaun?

Ulixes.

                    Du, der keinen mit Lug je täuschte, du
siehst, wie
Nackt ich und bloß heimkehre, da du's weissagetest; und
dort
Nicht Vorräte die Freier noch Vieh mir verschoneten. Aber
Tugend ist und Geschlecht, wenn Gut fehlt, schnöder denn
Seegras.

Tiresias.

Da du die Armut denn, ohn' all' Umschweife, verabscheust,
10 Höre, wie Reichtum haschen du kannst. Wenn etwa 'ne
Drossel
Oder was Herrliches sonst dir geschenkt wird, flieg es zum
Haus' hin,
Wo weitglänzende Güter ein Greis hegt; liebliche Baum-
frucht,
Und was immer durch Kunst dein Landhof Herrliches ein-

trägt,
Ehe der Lar, kost' alles der Reich', ehrsamerer Lar dir.

15 Sei er sogar meineidig, von dunkler Geburt, mit des Bruders
Blute befleckt, ein der Fessel Entronnener, dennoch ver-
schmäh nicht,
Ihm im Geleit auswendig, gebietet er, gerne zu wandeln.

Ulixes.

Ich ein Trabant für Dama, den schuftigen? Nicht ja in Troja
Handelt' ich so, wetteifernd nur stets mit Besseren.

Tiresias.

Gut, dann

20 Bleibest du arm.

Ulixes.

Dies soll mein tapferes Herz mir erdulden!
Und wohl Größeres trug ich vordem! Doch weiter, woher ich
Reichtum wühl' und Haufen Metalls, weissage mir, Seher.

Tiresias.

Was ich gesagt, das sag' ich. Nach Testamenten der Greise
Hasche du listig umher; und ob auch dieser und jener

25 Schlau von der Schnur dir entwischte, nach abgebissener
Angel,
Laß nicht schwinden die Hoffnung, noch gieb fehltreffend
die Kunst auf.
Wird, groß oder auch klein, ein Geschäft auf dem Markte
verhandelt:
Wer unbeerbt von beiden und reich ist, ob er den Bessern
Auch mutwillig und frech vor Gericht ruft, diesem als An-
walt

30 Stelle dich; jenen an Ruf und Rechtssach' edleren Bürger

Achte für Spott, wenn im Haus ihm ein Sohn, ein fruchtbares
Weib ist.
»Publius, so, auch Quintus,« (ein Vornam' hallet melodisch
Zartem Gehör) »dir machte zum Freund dein hohes Ver-
dienst mich.
Wohl ist das schlüpfrige Recht mir bekannt, und wie Sachen
man ausführt.

35 Eher entreiß' ein jeder die Augen mir, eh' er verachtend
Nur um die taube Nuß dich plündere! Mein ist die Sorg'
hier,
Daß du weder verlierst noch Gespött seist!« – Heiß' ihn nach
Hause
Gehn und pflegen der Haut; und werde du selbst der Vertre-
ter;
Streb' und schalt', ob nun »unmündige Statuen spaltet

40 Der rotglühende Hund,« ob, voll von feisten Kaldaunen,
Furius »graulichen Schnee auf die winternden Alpen herab-
speit.«
Mancher, o schau, mit dem Arme den Nachbar stoßend,
beginnt dann:
»Welch ausharrender Dulder! wie warm als Freund! wie
betriebsam!«
Scharweis ziehn Thunfische heran, den Behälter dir füllend.

45 Außerdem, wenn einem ein schwächlicher Sohn in des
Reichtums
Herrlichem Glanz aufwächst, daß weniger deine Verehrung
Lediger Greis' auffalle, so schmiege dich leis' in die Hoff-
nung
Durch Dienstfertigkeit ein, Nacherbe zu sein im Vermächt-
nis,
Und, so irgend ein Fall das Knäblein führet zum Orkus,

50 Einzunehmen den Platz. Ein Spiel, das selten dir fehlschlägt!
Wenn sein Testament dir jemand bietet zu lesen,
Sträube dich wohl und schiebe zurück die wächsernen Täf-
lein:
Nur daß du schnell hinschielst, was die Anfangsseit' in dem
zweiten

Absatz eigentlich woll', ob allein, ob mit mehreren teilend,

55 Werde mit flüchtigem Auge gehascht Oft weiß ein Geschäftsmann,
Der zum Schreiber gedieh, den schnappenden Raben zu täuschen;
Und es verlacht ein Coranus den Erbschaftsfischer Nasica.

Ulixes.

Rasest du? oder zum Spott weissagest du Rätsel mit Absicht?

Tiresias.

Edler Laertiad', es geschieht, was ich rede, so wahr als

60 Göttlichen Geist mir verliehn der erhabene Phöbus Apollo.

Ulixes.

Doch was die Mär' andeute, verkündige, wenn es erlaubt ist.

Tiresias.

Künftig einmal, wenn der Jüngling, ein Graun der Parther, vom hohen
Urahnherrn Äneas entstammt, zu Land' und zu Wasser
Groß ist, wird dem beherzten Coranus schlanke Gemahlin

65 Jenes Kind des Nasica, den graut zu bezahlen das Anlehn.
So nun geht es dem Schwäher; der Eidam giebt ihm die Täflein,
Daß er sie les', anflehend: es sperrt sich lange Nasica,
Aber empfängt sie zuletzt und liest stillschweigend und findet
Nichts sich selbst und den Seinen vermacht, als Heulen und Jammern. –

70 Eines empfehl' ich dir noch, wenn ein Schalksweib, wenn ein Gefreiter

Etwa den albernen Greis beherrschet mit Schlauheit, jenen
Werd' ein Genoß, lob' sie, und du wirst abwesend gepriesen.
Förderlich ist auch das; doch entscheidender siegt es, zuvor
selbst
Ihn zu erobern, das Haupt. Schreibt elende Verse der Pinsel,

75 Lobe sie; liebt er die Fraun, nicht laß dich ersuchen, von
selber
Mußt du Penelope willig dem Edleren bieten!

Ulixes.

Du glaubest,
Dazu werde gebracht, die so brav ist und so enthaltsam,
Die nicht konnten die Freier vom Weg' ableiten der Tugend?

Tiresias.

Jünglinge kamen ja nur, die kargeten, Großes zu schenken,

80 Nicht um Liebe so sehr, wie um leckere Küche beschäftigt.
So ist Penelope dir wohl brav. Doch hat sie von *einem*
Greise gekostet einmal und geteilt mit dir das Profitchen,
Niemals wird wie der Hund vom geöleten Leder sie ab-
stehn. –
Hör' was selbst ich in Thaten erlebt. Ein schälkisches alt
Weib

85 Hatt' im Vermächtnis bestimmt, daß den Leichnam, wär' er
mit Salböl
Reichlich gesalbt, austrüge der Erb' auf nackenden Schul-
tern;
Nämlich, ob ihm sie entschlüpfen auch tot noch könnte,
vermut' ich,
Weil er zu sehr sie bedrängt als Lebende. – Nahe behutsam,
Fehle du weder dem Werk noch vergeud' unmäßigen Eifer.

90 Einem, der launt und murrt, ist der Plauderer lästig; doch
mußt du
Selber auch nicht still schweigen. Du steh, als komischer
Davus,

Vorwärts neigend das Haupt, gar ehrfurchtsvoll von Gebär-
de.
Doch in Gefälligkeit schwärme! Bedeut ihn, wenn sich der
Wind hebt,
Daß er das teuere Haupt wohl einhüll'; aus dem Getümmel
95 Zeuch ihn mit drängender Schulter; dem Schwätzenden
spitze das Ohr hoch.
Mag er mit Ungestüme gelobt sein: Bis: O genug schon!
Er, zum Himmel die Hände gestreckt, ausrufend, bestürm'
und
Blase mit schwellenden Worten den stets anwachsenden
Schlauch auf.
Wenn er vom saueren Dienst dich Sorgsamen endlich erlöst
hat,

100Und hellwachenden Ohrs: »Ein Vierteil soll des Ulixes
Erbschaft sein!« du gehört: – »Also! mein redlicher Dama
Ist nicht mehr! Wo nun ein so Biederer mir, ein so Treuer?«
Schluchz' oftmals, und, kannst du, ein weniges weine dazu;
das
Dient ausbrechende Freud' im Gesicht zu bergen. Des
Grabmals

105Bau, den er frei dir stellte, besorg unkarg; das Begängnis
Lob' und das Ehrengepränge, die Nachbarschaft mit Be-
wundrung,
Ist dir vielleicht Miterb' ein bedenklich hustender Greis, dem
Sage, wofern von dem deinen ein Grundstück oder ein Haus
ihm
Ansteht, daß du mit Freuden es gebst um ein Spottgeld.
Allein mich

110Ruft mit strengem Gebote Proserpina. Lebe gesund denn!

6. Des Dichters höchster Wunsch.

Das war immer mein Wunsch: ein Äckerchen, nicht zu
geräumig,
Wo ein Garten, und nahe dem Haus ein lebender Quell sei,
Auch darüber ein wenig von Waldungen. Mehr noch und
Bessers
Haben die Götter verliehn. Wohl mir; nichts weiter erfleh'
ich,

5 Majas Sohn, als daß du zu eigen mir dieses Geschenk
machst.
Wenn nicht größer ich macht' auf übelem Wege das Gut
mir;
Und nicht kleiner es will durch Fehl' und Vergehungen
machen;
Wenn ich Thörichter des nichts anruf': »O daß der Winkel
Dort noch hinzu mir käme, der nun mein Äckerchen ein-
krümmt!

10 O daß ein Topf voll Geldes sich mir darböte, wie jenem,
Der mit gefundenem Schatz, einst Lohnarbeiter, denselben
Acker nunmehr sich gekauft und gepflügt hat, reich durch
den Schutzgott
Herkules!« Wenn mich erfreut, was da ist; fleh' ich dir also:
Fett mir Eigener mache das Vieh und das übrige, nur nicht

15 Fett auch den Geist, und bleib, wie du pflegst, mein grö-
ßester Hüter!

Da ich demnach in die Berg', als sichere Höhn, aus der
Stadt ging,
Was wohl preis' ich zuerst im bescheidenen Ton der Satire?
Nicht sind Gänge nach Gunst mir Verderb, nicht bleierner
Südhauch,
Noch strengatmender Herbst, wann graunvoll rafft Libiti-
na.

20 Vater des Taganfangs, und, hörst du es lieber, o Janus,
Du, von welchem der Mensch sein Werk und die Mühen

des Lebens
Früh, nach der Ewigen Rate, beginnt; du sei des Gesanges
Anfang. Bin ich in Rom, du entraffst als Bürgen mich: »Auf
doch,
Daß nicht rascher im Dienst ein anderer eifere, schwing'
dich!«

25 Ob auch der Nord durchfeget die Land', ob der Winter im
engern
Kreise den Tag mit Gestöber einherführt: gehen ja muß ich.
Hab' ich, was schaden mir soll, nun klar und deutlich ge-
sprochen,
Dann wird gerungen im Schwarm und gedrängt, was
säumig vorangeht.
»Was, Unsinniger, meinst du? was soll das?« stürmet ein
Schuft da

30 Mit nicht segnendem Wunsch: »du knuffst wohl alles, was
vorsteht,
Daß du nur zu Mäcenas mit sehnendem Herzen zurück-
rennst!«
Lust ist das und Honig, um wahr zu reden. Doch kam man
Dorthin nun zu den schwarzen Esquilien; fremde Geschäf-
te
Springen um Haupt und Seite bei Hunderten. »Morgen vor
zwei Uhr

35 Bat sich Roscius dich zum Beistand an der Umhegung. –
Wegen gemeinsamer Sache, die, Quintus, wichtig und neu
sei,
Baten dich heute die Schreiber, doch ja zu gedenken der
Rückkehr. –
Sorge mir, daß Mäcenas der Schrift aufpräge das Siegel.«
Sagst du: Es gilt den Versuch. »Wenn du willst,« drängt
jener, »du kannst schon.«

40 Bald wird das siebente Jahr, schon näher dem achten, ent-
flohn sein,
Seit Mäcenas begann, in der Seinigen Zahl mich zu haben;
Aber allein dazu, daß er Anteil mir in der Kutsche

Gönnete, reist' er einmal, und vertrauliche Rede von Klei-
nem,
Etwa: »Wie viel ist die Uhr? Kämpft gleich Gallina dem
Syrus?

45 Frisch ist schon Frühkälte, den Unvorsichtigen peinlich:«
Und was ohne Gefahr auch ritzigen Ohren sich mitteilt.
Alle die Zeit her wurde der Scheelsucht täglich und stünd-
lich
Offener »unser Genoß«. Er schauete Spiel' in Gesellschaft,
Oder er spielt' in dem Kampe: »Das Glückskind« rufen sie
alle.

50 Schauerlich strömt ein Gerücht von dem Markt durch
kreuzende Weg' um;
Jeder Begegnende stracks befraget mich: »Trautester, du ja,
Weil du die Götter der Welt nah anrührst, weißt es natür-
lich.
Hast du von Daciern etwas gehört?« – Nicht das mindeste.
– »Daß du
Stets ein Spötter doch bleibst!« – Nun strafen mich alle die
Götter,

55 Weiß ich ein Wort! – »Ob denn die verheißenen Äcker den
Kriegern
Cäsar im Sikulerland', ob hier in Italia zudenkt?«
Schwör' ich, mir fremd sei alles, erstaunt gafft jener und
nennt mich
Einzig fürwahr und gereift in der Kunst tieffinnigen
Schweigens.

Also verrinnt mir Armen der Tag, nicht ohne den Ausruf:

60 Ländliche Flur, wann werd' ich dich schaun? wann darf ich
von neuem
Bald aus der Vorwelt Schriften und bald aus verträumeten
Stunden
Schöpfen nach Lebenstumult friedsamer Vergessenheit
Labsal?
O wann wird mir die Bohne, Pythagoras Freundin, und

andres
Frisches Gemüs' aus dem Gärtchen mit fettendem Specke
bereitet?

65 O ihr Nächt' und Göttergelag'! Ich selbst mit den Meinen
Schmause vor eigenem Lar Festschmaus, und der weidli-
che Anwachs
Wird mir satt von des Mahls Abhub. Nach freiem Belieben
Leert ungleiche Gefäß' ein jeglicher Gast, ungefesselt
Von sinnlosem Gesetz: ob jemand tapfer den schärfern

70 Trunk sich erwähl', ob nippe des mäßigen heiterer. Also
Hebt sich Gespräch, niemals von anderer Höfen und Häu-
sern,
Noch ob übel, ob gut ein Lepos tanze; was mehr uns
Angeht, was nicht wissen ein Schad' ist, machen wir aus:
ob
Reichtum etwa die Menschen beselige, oder ob Tugend;

75 Was zu der Freundschaft führ', ob Nutz, ob biedre Gesin-
nung;
Auch was sei des Guten Natur, und das höchste des Gu-
ten.

Nachbar Cervius tischt mitunter uns Ammengeschichten
Auf im gelegenen Fall. Wenn wer des Arellius Reichtum,
Seiner Beschwerd' unkundig, erhebt, so beginnet er:
Einstmals,

80 Wie man erzählt, bot wirklich die Feldmaus Pflege der
Stadtmaus,
Drinnen in ärmlicher Höhle, vorlängst Gastfreundin der
Freundin:
Rauh, und mit strengem Erwerb haushälterisch; doch daß
am Gastmahl
Gern ihr geengtes Herz sich erweiterte. Kurz, sie entzog
nicht
Aufgesparete Kicher, noch länglichten Hafer, vor Miß-
gunst;

85 Eine Rosin' auch trug sie im Mund' und benageten Speckes

Stückchen herbei; daß mit Wechsel des Mahls sie dem Ekel der Leckern
Steuerte, die kaum jedes mit stolzem Zahne berührte,
Da Hausmütterchen selbst, auf heurigem Halme gelagert,
Spelt und Trespe nur aß, der besseren Kost sich enthaltend.

90 Endlich begann Stadtmaus: Wie kann's dir behagen, o Freundin,
Daß an des waldigen Bergs Abhang' ausduldend du lebest?
Willst du nicht Menschen und Stadt den verwilderten Holzungen vorziehn?
Wandere flugs, ich rate, mit mir; da, was lebet auf Erden,
Sterbliche Seelen empfing von dem Schicksal, und der Vernichtung

95 Keiner, wie groß und wie klein auch, entfliehn kann: Trauteste, darum,
Weil du noch darfst, im Genuß der Vergnügungen lebe beseligt,
Leb', und bedenk, wie so flüchtig die Zeit sei. – Durch die Ermahnung
Ward Feldmäuschen bewegt und im Sprung enthüpft sie dem Hause.
Beid' jetzt richten zur Stadt die beschlossene Wanderung, eilend,

100 Daß noch bei Nacht sie die Mauern ertrippelten. Schon zu des Himmels
Mitte gelangt war die Nacht in der Laufbahn, als die Gesellschaft
In ein begütertes Haus eintrat, wo mit Röte des Scharlachs
Schimmerten Purpurgewand' auf elfenbeinernen Polstern,
Und wo viel noch war vom mächt'gen Schmause des Abends,

105 Hoch in glänzenden Trachten emporgeschichtet von gestern.
Als die Städterin nun auf purpurnem Polster die Feldmaus
Hingestreckt, rasch läuft sie daher als geschäftige Wirtin,
Stets Schmackhafteres reichend, und zwar ganz dienerisch

treibt sie
Solches Geschäft, vorkostend ein jedes Gericht, das sie
aufträgt.

110Jen' in gemächlicher Lag' ist froh des veränderten Loses,
Und bei dem Guten vergnügt als heiterer Gast: da mit
einmal
Dröhnte der Flügel Gekrach, und dem Pfühl entfielen sie
beide.
Angstvoll laufen sie rings im verschlossenen Saale, doch
mehr noch
Beben entseelt sie umher, als laut vom Gebelle der Hunde

115Hallte der hohe Palast. Mir behagt nicht, sagte die Feld-
maus,
Solch ein Leben; gehabe dich wohl; mein Höhlchen im
Bergwald
Wird, Nachstellungen sicher, bei ärmlichen Wicken mich
trösten.

7. Zurechtweisung des Herrn durch seinen Sklaven.

Davus.

Längst schon lausch' ich allhier und möchte dir weniges
sagen,
Scheu, als Knecht.

Horaz.

Ist's Davus?

Davus.

           O ja, dein Davus, ein treuer
Diener dem Herrn und brav, zum Genugsein wenigstens,
nämlich,
Daß er sein Leben dir spart.

Horaz.

          Wohlan, vom Dezember be-
günstigt,

5 Weil ja die Alten es so anordneten, rede mit Freiheit.

Davus.

Einige freun sich der Laster mit festem Bestand und ver-
folgen
Immer den Zweck; viel wogen umher, bald Rechtliches
haschend,
Manchmal wieder vom Argen bewältiget. Priscus, der
häufig
Mit drei Ringen und bald mit lediger Linken uns auffiel,

10 Lebete so ungleich, daß er stündlich tauschte den Purpur,
Sich aus dem prächtigen Haus unversehns einnistete, wo
wohl

Kaum ein hübscher Gefreiter hervorgehn konnte mit
Anstand,
Bald in Rom wie Galan und bald in Athen wie ein Weiser
Lebete, allen Vertumnen gesamt im Zorne geboren.

15 Volanerius aber der Narr, da verschuldete Handgicht
Ihm die Knöchel gelähmt; daß wer statt seiner die Würfel
Auflas' und in den Becher ihm schüttete, dung er sich
täglich
Einen in Lohn und Kost: je mehr standhaft in den Las-
tern,
Desto weniger auch elend und besser daran, als

20 Wer bald straff anziehet den Strang, bald locker ihn nach-
läßt.

Horaz.

Willst du mir sagen sogleich, wohin das Gequatsche da
zielet,
Schändlicher?

Davus.

Nun, auf dich.

Horaz.

Und wie das? Nichtswürdi-
ger?

Davus.

Laut ja
Lobest du Glück und Sitten des älteren Volkes, und
gleichwohl,
Wenn dich zu jenen ein Gott hinführete, rängst du mit
Macht an:

25 Weil du entweder nicht fühlst, was der Mund als Besseres ausruft,
   Oder nicht fest solch Gutes verteidigest, und im Morast tief
   Haftest, umsonst arbeitend, dem Kot zu entziehen die Ferse.
   Bist du in Rom, dich reizet die Flur, abwesend als Landmann
   Hebst du gen Himmel die Stadt. Lud nirgendwohin dich zum Nachtschmaus

30 Einer, du lobst harmloses Gemüs', und als gingst du gekettet
   Irgendwohin, so preisest du dich glückselig und segnest,
   Daß du von fremdem Gezeche verschont bist. Wenn dich Mäcenas
   Nötiget, daß auf den Abend, sobald Licht brenne, du kommest
   Als Mitgast: Bringt keiner mir Öl in Geschwindigkeit? He! wer

35 Höret denn? polterst und schreist du mit mächtigem Lärmen und wütest.
   Mulvius und die Schmarotzer, mit nicht aussprechlichem Anwunsch,
   Ziehen hinweg. »Nun ja, ich bekenne mich,« saget so einer,
   »Leicht vom Bauche geführt; mir hebt Fleischbrodem die Nüstern;
   Lotterich und fahrlässig und, willst du, Schlemmer im Wirtshaus.

40 Du, da du bist, was *ich*, und vielleicht noch lockerer, fährst mich
   Noch wie ein Besserer an und weißt in stattliche Worte
   Einzuhüllen den Fehl?« – Wie? wenn thörichter noch, denn ich selber,
   Der fünfhundert Drachmen dir kostete, du dich verrietst?
   – Halt!
   Weg mit der drohenden Miene! die Hand und die Galle

gebändigt;

45 Bis ich, was mir der Pförtner Crispius mitteilte, gemeldet.
Du liebkosest die Gattin des anderen, Davus die Dirne.
Welcher von uns fehlt werter der Kreuzigung? Wann
unbezähmbar
Mich entflammt die Natur, dann wander' ich, treu dem
Naturruf,
So wie zur Herde der Stier, zum holden Gestüt der Be-
schäler.

50 Welche nun auch willfährig den rasenden Trieb mir ge-
dämpft hat,
Scheid' ich, weder an Ehre gekränkt, noch wahrlich be-
kümmert,
Ob ein Reicherer, ob auch ein Schönerer eben dahin
rennt.
Wann *du* aber, die Zeichen des Rangs abwerfend, des
Ritters
Ring und Römergewand, vorgehst, aus dem Richter ein
Dama,

55 Schmählich, das duftende Haupt vom Sklavenmantel
umdunkelt,
Bist du nicht, was du scheinst? Dich Zagenden führt man
hinein und,
Weil mit Begier Angst ringet, erbeben dir alle Gelenke.
Was verschlägt's, ob, erbötig zu Brand und Geißel, ja
Mordstahl,
Als Leibeigner du gehst; ob schmählich im Kasten ver-
schlossen,

60 Wo des verbuhleten Weibs mitschuldige Sklavin dich
einschob,
Du dein Haupt zu den Knieen hinabschmiegst? Übt nicht
der Eh'mann
Einer entehrten Matrone Gewalt an beiden mit Recht
aus?
An dem Verführer sogar noch gerechtere? Jene verändert
Gleichwohl weder Gewand noch Ort, noch sündigt sie

thätig,

65 Weil sie den Leichtsinn scheut des Galans, halb spröde
vor Mißtraun.
Willig trägst du das Joch an dem Hals' und dem wüten-
den Frohnherrn
Stellt du anheim dein Vermögen und Leib und Leben
und Leumund.
Kamst du davon? scheu wirst du vielleicht und durch
Witzigung klüger.
Nein du suchst, wo du wieder dich ängstigen und dich
vernichten

70 Könnest! O du vielfältig ein Knecht! Welch reißendes Tier
doch,
Wenn es entflohn, wird kehren verdumpft zur gespren-
geten Fessel?

Du bist kein Eh'brecher. – Und *ich* kein Dieb, wenn be-
dachtsam
Ich an Silbergefäßen vorbeiging! Nimm die Gefahr weg;
Wild aus springt die Natur, unstet nach entnommenen
Zügeln.

75 Du mein Herr, der so vielen, und so machtvollen Gewal-
ten
Fröhnt der Ding' und der Menschen, den kein prätori-
scher Freistab
Jemals ledigen kann von der sklavischen Angst, die dich
einnimmt?
Füge dazu, was nicht dem gesageten weichet an Nach-
druck.
Ist man teils ein Vikar, der dem Knechte gehorcht (wie
bei euch hier

80 Bringt der Gebrauch) und teils Mitknecht; *was* bin ich *dir?*
O wahrlich,
Du, der Befehl mir giebt, fröhnst anderen wieder als
Sklav' und
Wirst gelenkt, wie am Draht in der Hand ein bewegliches
Holzbild.

Wer denn aber ist frei? Der Weise, der sich in Gewalt hat!
Den nicht Armut schreckt, nicht Tod, nicht fesselnde
Bande,

85 Trotz der Begierde zu bieten und Rang zu verachten und
Hoheit,
Männlich gefaßt, und ganz in sich selbst, wie glatt und
gerundet,
Daß vom Äußeren nichts der gediegenen Glätte sich an-
setzt,
An dem jeglicher Streich des Geschicks abprallet. Ver-
magst du
Hiervon was zu erkennen als Eigenes? Fünf der Talente

90 Fordert das Mädchen von dir, hohnneckt, und die Thüre
versperrend,
Schüttet sie Kaltes herab, dann ruft sie zurück. O entreiß
dich
Frisch dem entehrenden Joch! Frei, frei bin ich, sage! – Du
kannst nicht.
Denn es drängt ein Gebieter den Geist unsanft, der mit
scharfem
Stachel den lässigen reizt und den rückwärts wollenden
forttreibt.

95 Auch wenn von Pausias du, wie verdutzt, anstarrest ein
Bildchen,
Fehlst du minder denn ich, wenn des Fulvius und des
verwegnen
Rutuba Kampf und des knieanstemmenden Pacidejanus
Ich anstaune, mit Rötel gemalt und mit Kohle, so leibhaft,
Als ob sie kämpften im Ernst, und zum Haun und Ver-
meiden, wie Männer,

100 Regten die Wehr. Untüchtig und faul heißt Davus; du
selber,
Ah! wie fein von den Alten, wie gar kunstmäßig du ur-
teilst!
Taugenichts heiß' ich, gelockt vom dampfenden Fladen;
bei dir ist

Kraftvoll Tugend und Mut, dem köstlichen Schmause zu
trotzen!
Folgsam dem Bauche zu sein, warum ist schädlicher mir
das?

105 Ja mein Rücken bezahlt's! Wie bist du weniger strafbar,
Wenn die nicht um Kleines gewinnbaren Bissen du ha-
schest?
Traun, in Galle verkehrt sich ein endlos dauerndes Gast-
mahl,
Und der genarrte Fuß will nicht den verdorbenen Leib
mehr
Tragen. Vergeht sich der Bursch', der die Traub' in der
Dämmerung eintauscht

110 Für die entwendete Striegel des Bads? Wer Güter veräu-
ßert,
Thut er, dem Gaumen zu Dienst, nichts Knechtisches?
Füge dazu, daß
Du kein Stündchen bei dir sein kannst, noch die Muße
gehörig
Brauchen; du meidest dich selbst, wie ein flüchtiger
Knecht und ein Troller,
Bald mit Wein zu betäuben und bald mit Schlafe den
Mißmut.

115 Aber umsonst! schwarz dringet er nach und verfolget
den Flüchtling!

Horaz.

Wo bei der Hand mir ein Stein?

Davus.

Was braucht's den?

Horaz.

Wo ein

Geschoß mir?

Davus.

Toll ist er, oder auch Vers' arbeitet er!

Horaz.

Wenn du sogleich
nicht
Fortrennst, mehrst du den Frohn des sabinischen Gutes,
ein neunter.

8. Das Gastmahl bei dem Emporkömmling.

Horaz.

Nun wie bekam dir der Schmaus des beseligten Nasidienus?
Denn da zu Gast ich gestern dich einlud, ward mir gesagt,
dort
Zechtest du schon seit der Mitte des Tags.

Fundanius.

                So, daß ich mich nie-
mals
Wohler im Leben gefühlt.

Horaz.

           Sag' an, wenn's ohne Beschwerd' ist,

5 Was für Speise zuerst den knurrenden Magen befriedigt.

Fundanius.

Erst ein lucanischer Eber: der war bei gelinderem Südwind
Eingehascht, wie der Herr des Gastmahls meldete; ringsum
Scharfe Radieschen, Salat und Rettige, was den erschlafften
Magen reizt; Sellerie, Sardellen mit koischem Weinstein.

10 Als nach enthobener Tracht ein geschürzeter Bursche den
Ahorn-
Tisch mit purpurnem Friese geputzt, und ein andrer gesam-
melt
Alles, so viel Unnützes umherlag, alles, was Anstoß
Konnte den Schmausenden sein, ernst nun, wie die attische
Jungfrau
Ceres heiligen Korb, so trug der braune Hydaspes

15 Cäcuberwein, und Alkon des Meers unkundigen Chier.
Jetzo der Herr: Wenn Albaner, Mäcenas, oder Falerner
Mehr dich, als der gebrachte, vergnügt: wir haben von bei-

dem.

Horaz.

O armseliger Reicher! Jedoch in welcher Gesellschaft
Dir so festlich es ging, Fundanius, möcht' ich wohl hören.

Fundanius.

20Oben ich selbst, mir nahe der Thurier Viscus, und unten
Varius, denk' ich recht; mit Servilius Balatro hierauf
Folgte Vibidius, beid' als Schatten gebracht von Mäcenas.
Nomentanus saß über ihm selbst, und Porcius unten:
Lächerlich, Fladen so ganz hinabzuschlingen auf einmal.

25Nomentanus war dazu bestellt, wenn was unbemerkt blieb,
Daß er mit zeigendem Finger belehrete. Denn wir gemeines
Volk, wir schmauseten da Schaltier' und Vögel und Fische,
Die ganz anderen Saft einhüllleten, als uns bekannt war:
Welches sogleich sich ergab, da er mir vom gebratenen Flun-
der

30Und von der Butt' hinreichte bisher ungekostete Kutteln.
Hierauf that er mir kund, daß Honigäpfel, am jungen
Monde gepflückt, rot sein. Was daran liege, vernimmst du
Deutlicher wohl von ihm selbst. Zu Balatro sprach der Genoß
nun:
Laß uns mörderisch zechen hinein; nicht sterbe man rachlos!

35Größere Becher verlangt er zugleich. Blaß wurde das Antlitz
Unserem Wirte da, der nichts so scheute, wie scharfe
Trinker am Mahl: sei's weil boshaftere Witze sie reißen,
Sei's weil hitziger Wein abstumpft die Feine des Gaumens.
Ganz nun stürzten sie Krüg' in allifanische Humpen,

40Balatro und der Genoß Vibidius; alle gesamt wir
Folgeten; nur auf dem Polster des Hauswirts blieb man ent-
haltsam.
Unter schwimmenden Krabben nunmehr kam eine Muräne,
Lang in der Schüssel gedehnt, und der Hausherr meldete:
»Trächtig

Ward sie gehascht; denn das Fleisch wird weniger gut nach
der Laichzeit.

45 Aber die Mischung der Sod' ist köstliches Öl, aus Venafrums
Edelster Lese gepreßt, und Gar von Iberermakrelen;
Mit fünfjährigem Wein, von nicht ausländischer Kelter,
Wohl durchkocht (nach dem Sud' ist so zuträglich der Chier,
Wie kein anderer sonst); auch weißlicher Pfeffer und Essig,

50 Welcher aus Methymnäergewächs sich in Säure gewandelt.
Grünende Rank' einkochen dazu samt bitterem Alant,
Lehrt' ich zuerst, und Curtill ungewaschene Igel des Meeres,
Kräftiger noch, denn die Lake, von Meerschaltieren geschwit-
zet.«

Während er sprach, da stürzte der wölbende Baldachin hoch-
her

55 Lauten Gekrachs in die Schüssel und zog des düsteren Stau-
bes
Mehr, denn der nördliche Sturm aufwölkt campanischen
Äckern.
Wir, die ein größres besorgt, nachdem wir ohne Gefahr uns
Fühleten, richten uns auf. Doch Rufus, senkend das Haupt,
als
Wär' ihm ein Sohn unzeitig verblüht, wehklagte. Wie würd'
er

60 Endigen, wenn nicht den Freund so Nomentanus der weise
Tröstete: »Ha, Fortuna, wo ist grausamer ein Gott uns,
Falsche, denn du? wie launisch du stets den menschlichen
Dingen
Mitspielst!« – Varius konnte sich kaum mit dem Tuch das
Gelächter
Bändigen. Balatro jetzt, der alles berümpfende Spötter:

65 »Das ist leider das Los der Sterblichkeit« rief er, »und deshalb
Wird wohl nimmer entsprechen der Ruhm ganz deiner Be-
mühung.
Du, daß *ich* hier schmaus' in Herrlichkeit, sollst dich zermar-
tern,

Hin und her durch Sorge gezerrt: daß verkohletes Brot nicht,
Noch falschwürzige Sode zu Tisch dir komme? daß alle

70Wohl geschürzt die Diener und nett aufwarten mit Anstand?
Nimm noch die Unfälle dazu: wenn der Baldachin abstürzt,
Gleich wie nun; wenn die Schüssel zerbricht ein stolpernder
Stallknecht!
Aber des Gastherrn, sowie des Feldherrn, edeler Geist ringt
Oft im Unglück erst sich hervor, da Glück ihn verdeckt hielt.«

75 Nasidienus darauf: »O verleihn dir gnädig die Götter
All dein Flehn, da so gut du bist, und so artig am Gastmahl!«
Hier verlangt er die Sohlen; und nun auf jeglichem Polster
Zischelte leis' umher in des Nachbarn Ohre Geflüster.

Horaz.

O kein anderes Spiel hätt' ich lieber geschaut! Doch erzähl'
auch

80Jenes, wohlan, was du weiter belacht hast.

Fundanius.

Während die Diener
Ängstlich Vibidius fragt, ob der Sturz auch die Krüge zer-
schmettert,
Weil sie die Becher ihm nicht, wie er fordere, füllen, und
während
Lacht und Vorwänd' hascht das Gelag, und Balatro nachhilft:
Kehrst du, Nasidienus, mit anderer Stirne, wie fähig

85Bald durch Kunst zu verhüten den Unfall. Stracks auf den
Fuß ihm
Tragen in mächtiger Schüssel die Bursch' ein Gehacktes vom
Kranich,
Welches mit reichlichem Salz, nicht arm an Mehle, bestreut
war;
Auch der schneeigen Gans mit Feigen gemästete Leber,

Auch der Häselein Schultern getrennt, denn lieblicher sei das,

90Als mit den Lenden zugleich, dem Geschmack. Dann tischten sie Amseln
Auf, mit verrösteter Brust, und Täublein, ohne den Bürzel.
Liebliche Kost, wenn nicht jedwede Natur und Entstehung
Gründlich der Herr auskramt'. Ihn flohen wir, also uns rächend,
Daß wir von allem durchaus nichts kosteten, als ob auf alles,

95Schlimmer denn Libyerschlangen, Canidia hätte geatmet.

 tredition®

Über tredition

Eigenes Buch veröffentlichen

tredition wurde 2006 in Hamburg gegründet und hat seither mehre-re tausend Buchtitel veröffentlicht. Autoren veröffentlichen in we-nigen leichten Schritten gedruckte Bücher, e-Books und audio-Books. tredition hat das Ziel, die beste und fairste Veröffentli-chungsmöglichkeit für Autoren zu bieten.

tredition wurde mit der Erkenntnis gegründet, dass nur etwa jedes 200. bei Verlagen eingereichte Manuskript veröffentlicht wird. Da-bei hat jedes Buch seinen Markt, also seine Leser. tredition sorgt dafür, dass für jedes Buch die Leserschaft auch erreicht wird.

Im einzigartigen Literatur-Netzwerk von tredition bieten zahlreiche Literatur-Partner (das sind Lektoren, Übersetzer, Hörbuchsprecher und Illustratoren) ihre Dienstleistung an, um Manuskripte zu ver-bessern oder die Vielfalt zu erhöhen. Autoren vereinbaren direkt mit den Literatur-Partnern die Konditionen ihrer Zusammenarbeit und partizipieren gemeinsam am Erfolg des Buches.

Das gesamte Verlagsprogramm von tredition ist bei allen stationä-ren Buchhandlungen und Online-Buchhändlern wie z. B. Amazon erhältlich. e-Books stehen bei den führenden Online-Portalen (z. B. iBookstore von Apple oder Kindle von Amazon) zum Verkauf.

Einfach leicht ein Buch veröffentlichen: **www.tredition.de**

Eigene Buchreihe oder eigenen Verlag gründen

Seit 2009 bietet tredition sein Verlagskonzept auch als sogenanntes "White-Label" an. Das bedeutet, dass andere Unternehmen, Institutionen und Personen risikofrei und unkompliziert selbst zum Herausgeber von Büchern und Buchreihen unter eigener Marke werden können. tredition übernimmt dabei das komplette Herstellungs- und Distributionsrisiko.

Zahlreiche Zeitschriften-, Zeitungs- und Buchverlage, Universitäten, Forschungseinrichtungen u.v.m. nutzen diese Dienstleistung von tredition, um unter eigener Marke ohne Risiko Bücher zu verlegen.

Alle Informationen im Internet: **www.tredition.de/fuer-verlage**

tredition wurde mit mehreren Innovationspreisen ausgezeichnet, u. a. mit dem Webfuture Award und dem Innovationspreis der Buch Digitale.

tredition ist Mitglied im Börsenverein des Deutschen Buchhandels.

Dieses Werk elektronisch lesen

Dieses Werk ist Teil der Gutenberg-DE Edition DVD. Diese enthält das komplette Archiv des Projekt Gutenberg-DE. Die DVD ist im Internet erhältlich auf **http://gutenbergshop.abc.de**